"2015年度青岛市社会科学规划研究项目"
（批准号QDSKL1501108）

青岛市农地流转中介组织综合绩效评价及优化推进对策研究

于学江 著

QING DAO SHI NONG DI LIU ZHUAN ZHONG JIE ZU ZHI ZONG HE
JI XIAO PING JIA JI YOU HUA TUI JIN DUI CE YAN JIU

新华出版社

图书在版编目（CIP）数据

青岛市农地流转中介组织综合绩效评价及优化推进
对策研究 ／ 于学江著 . —北京：新华出版社，2018.5

ISBN 978 - 7 - 5166 - 4146 - 0

Ⅰ . ①青…　Ⅱ . ①于…　Ⅲ . ①农业用地—土地流转
—中介组织—经济绩效—研究—青岛　Ⅳ . ①F321.1

中国版本图书馆 CIP 数据核字（2018）第 100842 号

青岛市农地流转中介组织综合绩效评价及优化推进对策研究

作　　者：于学江			
责任编辑：张　谦		封面设计：中联华文	
出版发行：新华出版社			
地　　址：北京石景山区京原路 8 号		邮　　编：100040	
网　　址：http：//www.xinhuapub.com			
经　　销：新华书店			
购书热线：010 - 63077122		中国新闻书店购书热线：010 - 63072012	
照　　排：中联学林			
印　　刷：三河市华东印刷有限公司			
成品尺寸：170mm×240mm			
印　　张：11.5		字　　数：150 千字	
版　　次：2018 年 5 月第一版		印　　次：2018 年 5 月第一次印刷	
书　　号：ISBN 978 - 7 - 5166 - 4146 - 0			
定　　价：45.00 元			

图书如有印装问题，请与印刷厂联系调换：010 - 89587322

序　言

　　国务院已经明确要求"要把经济活动中社会服务性和相当一部分监督性的职能交给中介组织。"[1]因此，伴随着中国农村土地流转向纵深推进的新形势下，各种不同类型的农地流转中介组织应运而生，是农村土地流转推动农村经济社会全面发展的必然要求。农地流转中介组织在农村土地流转中的作用众所周知，它已经成为我国农业经济领域乃至整个农村发展领域专家学者重要的研究课题，如对农地流转中介组织的定义、类型、作用进行研究，对农地流转中介组织发展壮大的途径进行研究，对农地流转中介组织自身存在的问题进行研究等，这些研究产生的成果直接为我国各地农地流转中介组织的快速发展提供了强有力的理论支撑。但是从农村土地流转产生的绩效的角度对农地流转中介组织进行研究比较缺乏，而从农地流转中介组织综合绩效的角度对其研究特别是对其综合绩效进行评价，更加缺乏。因此，于学江教授的这部著作在这一方面做了一个大胆的尝试。

　　农村土地流转是特殊的不动产的商品交换，其实质是农村土地经营权的流转，它涉及农村土地所有者、农村土地承包者、农村土地经营者、农村土地监督者和农村土地管理者等多个市场主体，同时也是多个市场主体的利益博弈行为，因此，它不是一般性的商品交换。据此，农村土地流转外在的农村土地经营权交换的难度比较大，一般农户由于缺乏专业的农村土地流转知识，在这个特殊的不动产的商品市场交换中处于明显的弱势地位。为了保护弱势群体——广大农户的利益，就需要专业的农地流转中介组织来完成这一特殊的不动产的商品交换流程。于学江教授的这部著作首先对青岛市农地流转中介组织的类型、作用、运作方式进行了较为全面的阐述，然后在选取农地流转中介组织综合绩效评价指标的基础上从经济绩效、社会绩效、生态绩效三个方面对青岛市农地流转中介组织综合绩效进行了全面评价。从全面评价中发现青岛市农地流转中介组织存在的问题，在借鉴国内外成功经验的基础上结合青岛市农村土地流转的实际情况提出了相应的对策建议，这对于发展壮大青岛市农地流转中介组织从而加快青岛市农村土地流转的步伐具有重要的理论价值和实践意义。

于学江教授的这部专著具有以下特点：一是多种研究方法的综合。这部著作通过查阅文献、设计调查问卷、实地走访、与广大农户以及农地流转中介组织进行零距离接触等方法，对青岛市农地流转中介组织进行全方位的研究。同时设计出农地流转中介组织综合绩效评价指标，运用层次分析法计算出青岛市农地流转中介组织的综合绩效，并对其进行评价和比较。评价与比较得出的结论客观性强，说服力大。二是研究所涉及的学科比较多，是多种学科交叉的结果。于学江教授长期从事于农村社会学、政治经济学、农村社会结构与变迁、农村社会问题专题等多门课程的授课，积累了有关农村土地制度的各个方面知识。因此，这部著作不是简单地对农地流转中介组织的综合绩效进行评价，而是围绕着农地流转中介组织综合绩效评价发现了农地流转的一般规律，同时提出了村委会的新职能——农地流转中介组织。这大大推动了农地流转中介组织这一研究领域向纵深发展。三是案例具有典型性。选取莱西市、平度市、胶州市、即墨市、黄岛区农地流转中介组织具有代表性的乡镇和村庄样本作为进行综合绩效评价的依据,符合青岛市农地流转中介组织的发展趋势。

于学江教授的这部专著的主要价值表现在以下两个方面:一是有较高的学术价值。目前尽管学术界理论界广泛关注农村土地流转问题,对农地流转中介组织的研究也有了一些研究成果。但是,从总体上看这方面的研究主要是就农村土地流转而土地流转,就农地流转中介组织而中介组织,而对其综合绩效评价特别是选择青岛市农地流转中介组织的综合绩效评价较少。因此,这部专著具有较高的学术价值。二是具有一定的实用价值。这部专著针对青岛市农地流转中介组织综合绩效进行评价,依据评价所提出的农地流转中介组织优化推进对策不仅对青岛市山东省乃至全国各地的农地流转中介组织优化推进都具有一定的实践可操作性,实用价值高。

总之,这部专著是理论学术价值与实践应用价值结合为一体的一部学术著作,它的出版将大大加快青岛市农地流转中介组织的发展,从而推动青岛市农村土地流转工作迈上一个新的台阶。

李树超

2018 年 1 月 8 日于青岛农业大学

目　录
CONTENTS

引　言 ……………………………………………………………………… 1

第一章　导　论 ……………………………………………………………… 3
一、研究背景、目的意义　3
二、研究综述　6
三、研究基本思路和研究方法　12
四、研究的创新之处　13

第二章　相关概念界定与研究的理论基础 ………………………………… 15
一、相关概念界定　15
二、研究的理论基础　17

第三章　山东省农村土地流转概况 ……………………………………… 22
一、山东省农村土地流转现状　23
二、山东省农村土地流转特点　25
三、山东省农村土地流转形式　28
四、山东省农村土地流转模式　29

第四章　山东省各地农村土地流转实践 ················· **32**

一、泰安:"两强化"推进农村土地流转 32

二、临沂:农村土地流转催生无公害纯天然绿色家庭农场 33

三、德州:农村土地流转农民说了算 33

四、济宁:以县、乡供销社联合社服务为主导推动农村土地流转 34

五、潍坊:农村土地流转费用由小麦市场价来决定 34

六、菏泽:农机合作社引领农村土地流转 35

七、枣庄:有形市场推进农村土地流转 35

八、滨州:农机合作社农场全程参与农村土地流转 36

九、聊城:农村土地流转催生种植大户 37

十、东营:村两委积极开展农村土地招商 37

十一、济南:农机合作社托管农村土地 38

十二、威海:对农业规模经营主体给予奖补 39

十三、烟台:政府协调一次农村流转土地一万亩 40

十四、青岛:政府全面推动农村土地流转 40

十五、日照:政府、企业、农户三方联动农村土地流转 41

十六、淄博:龙头企业带动农村土地流转 41

十七、莱芜:对农村土地流转工作实施全面奖励 42

第五章　青岛市农地流转概况 ················· **44**

一、青岛市农村基本情况 44

二、农地流转的历程 48

三、青岛市农地流转的作用 51

四、青岛市农地流转概况 52

第六章　青岛市农地流转的制约因素分析 ················· **60**

一、流转土地农户自身方面的制约 60

二、农地流转程序不科学方面的制约 65

三、农地流转中介组织发展不充分方面的制约 67

四、农民非农领域就业方面的制约 69

五、农村社会保障不充实方面的制约 72

六、农村土地流转服务不完美方面的制约 74

七、农村土地承包经营权交易市场不完善方面的制约 75

第七章 青岛市农地流转中介组织发展情况 …………………… 77

一、交易成本是农地流转中介组织产生的关键所在 77

二、有无农地流转中介组织参与的农村土地流转简单比较 78

三、青岛市农地流转中介组织运行情况 81

四、青岛市农地流转中介组织相关调研情况 85

五、青岛市农地流转中介组织发展阶段的判断 111

第八章 青岛市农地流转中介组织综合绩效评价 ……………… 112

一、农地流转中介组织在农村土地流转中的绩效 112

二、青岛市农地流转中介组织综合绩效评价指标的构建 113

三、综合绩效评价准则层中的各个指标权重的得出 115

四、对农地流转中介组织综合绩效进行评价 121

五、农地流转中介组织综合绩效评价的结果以及各自优势 141

六、农地流转中介组织综合绩效评价结果的原因分析 143

第九章 农地流转中介组织综合绩效评价中发现的问题 ……… 146

一、共性问题 146

二、个性问题 147

第十章　成功经验借鉴 ································ **151**

　　一、国外农地流转中介组织运行的成功经验　151

　　二、国内农地流转中介组织运行的成功经验　152

第十一章　优化推进对策建议 ···················· **155**

　　一、共性方面　155

　　二、个性方面　157

结　论 ·· **162**

参考文献 ·· **163**

附　件 ·· **168**

后　记 ·· **170**

引　言

　　农村土地流转是农村社会生产关系的重大调整，是一场广泛而深入的农村社会土地制度变革，是农村社会由传统向现代的转变的一条新的途径，对农村社会结构变迁产生极大的影响。在实践中农村土地流转是指中国农业在全面走向现代化进程中特别是在全面走向现代产业化大发展的时代呼唤中在坚持农村土地公有制——集体所有制不变的情况下，把农户农村土地承包经营权分解为农村土地承包权和农村土地经营权，恒定农户农村土地承包权，使农户农村土地经营权全面走向市场的一种多方利益博弈的理性行为，是农民增加收入特别是增加财产性收入的重要途径，是全面建成小康社会的重要的物质基础和制度保障。

　　青岛市农村土地流转是实现青岛市农村土地稀缺资源合理配置的重要手段，是加快青岛市农村经济社会快速发展的必经之路。而农地流转中介组织的有效介入农村土地流转则大大地加快了青岛市农村土地流转的步伐，因而成为学术界理论界研究的中心课题，如对农地流转中介组织的定义、形式、功能、模式比较、经济绩效、运行绩效等进行多方面的研究。

　　目前学术界理论界研究的热点表现在以下四个方面：一是围绕着农村土地流转本身有无绩效问题展开研究；二是对农地流转中介

组织进行研究；三是对各种农村土地流转模式的绩效进行研究；四是对农地流转中介组织运行绩效进行评价。通过以上综述发现农村土地流转模式所产生的绩效成为学术界理论界研究的重点，因而成为本课题所能借鉴的研究成果。但是对农地流转中介组织的绩效进行评价尤其是农地流转中介组织的综合绩效进行全面评价在学术界理论界尚缺。因此，本课题对青岛市典型区域农村土地流转（主要是莱西市、平度市、胶州市、即墨市、黄岛区）进行了全面的调研，通过查阅文献、走村串户与农民零距离接触开展问卷调查得出相关数据的基础上，采用层次分析法，通过专家打分、定量统计测算出青岛市农地流转中介组织综合绩效中的各个指标层的权重，以有效地对青岛市农地流转中介组织综合绩效进行科学评价。

本课题所研究的青岛市农地流转中介组织同上述已有的研究成果不同，是紧密结合青岛市农村土地流转的实际情况，通过大量调查与访谈发现青岛市的农地流转中介组织的主要类型为村委会、农村土地流转服务中心和农村产权交易中心。通过评价发现青岛市这三种不同类型的农地流转中介组织存在的自身问题，在有针对性地剖析国内外农地流转中介组织成功运行的基础上，全面分析青岛市农地流转中介组织运行的内外环境，提出相应的优化推进对策建议，其目的是进一步优化推进青岛市农地流转中介组织的全面发展，从而加快推进青岛市农村土地流转步伐，以更好地优化配置青岛市农村土地资源，大幅度提高农民收入，为青岛市全面建成小康社会打下坚实的物质基础。

第一章 导 论

一、研究背景、目的意义

（一）研究背景

1. 党和国家非常重视农村土地流转问题。习近平总书记指出："土地流转和多种形式规模经营，是发展现代农业的必由之路，也是农村改革的基本方向。在土地流转实践中，必须要求各地区原原本本贯彻落实党中央确定的方针政策，既要加大政策扶持力度、鼓励创新农业经营体制机制，又要因地制宜、循序渐进，不搞大跃进，不搞强迫命令，不搞行政瞎指挥。"[2] 而国务院总理李克强在农村土地流转问题上作出批示强调："要加强对地方的指导，规范有序探索和推进土地流转，发展多种形式适度规模经营。"[2] 习近平总书记在党的十九大报告中指出："完善承包地'三权'分置制度。保持土地承包关系稳定并长久不变，第二轮土地承包到期后再延长三十年。"这为深入开展农村土地流转问题的研究指明了方向。

2. 大量农民的生活方式随着农村城市化的不断推进发生了质的飞跃。现代农民不再像老一代农民固守农村土地、固守农村村落，而是大量地选择进入现代化城市生活，从而导致农村原有的分散的小块土地被大量撂荒，这是对农村稀缺土地资源的巨大浪费。这一现象在全国各地不同程度地存在，即使在现代化的都市城市青岛市广大农村也存在，究其原因主要是农村土地流转市场的不完善性，不完善性的典型特征就是农地流转中介组织没有完全发挥出应有的作用。由此，要加快农村土地流转的步伐，农地流转中介组织开始受到农村土地流转的研究者与实践者的关注。但是农村土地流转因农地流转中介组织的是否有绩效尤其是综合绩效如何成为目前人们普遍关注的问题，因此，本书顺应时代发展的要求选择这一问题进行研究，是当代中国农村社会发展的迫切需要。

3. 十八届三中全会确立了市场经济的主体地位为农村土地流转的快速发展特别是对农地流转中介组织这一农村土地流转市场不可或缺的主体提供了难得的空前的大发展的机遇，因此，对农村土地流转市场不可或缺的主体——农地流转中介组织进行全方位的研究，特别是对其进行综合绩效评价是顺应现代农村社会发展的潮流。

4. 农村土地流转各类中介组织在农村土地流转中的绩效是不一样的，因此，对其进行全面的综合绩效评价是青岛市政府因地制宜地选择农户普遍欢迎的综合绩效高的农地流转中介组织来完善农村土地流转市场的需要，是改变目前大量农户私下无序进行农村土地流转导致农村土地流转市场的混乱的需要，也是改变农户私下进行农村土地流转这一传统流转方式而导致的农村土地流转综合绩效低下的需要。

5. 对农地流转中介组织的综合绩效进行科学评价能够为进一步完善农村土地流转有关的法律法规提供实践依据。2005 年 3 月 1 日起正式施行的《农村土地承包经营权流转管理办法》第三十条明确规定："从事农村土地承包经营权流转服务的中介组织应当向县级以上地方人民政府农业行政（或农村经营管理）主管部门备案并接受其指导，依照法律和有关规定提供流转中介服务。"[3] 这说明农地流转中介组织的出现能够使得农村土地流转向更为规范的方向发展，同时，各类农地流转中介组织的快速发展在实践中也向人们提出了更高更深的法律法规要求。因此，研究农村土地流转中介组织特别是对其综合绩效进行全面准确的科学评价，从中发现其存在的问题，并提出解决对策，是为进一步完善与农村土地流转有关的法律法规提供实践依据。

6. 对农地流转中介组织的综合绩效进行科学研究并对其进行科学评价是实现青岛市各级政府合理配置稀缺农村土地资源的需要。进行科学合理配置农村土地稀缺资源，是现代社会主义市场经济发展的必然要求。因此，以青岛市农地流转中介组织为研究对象，对其综合绩效进行全面科学评价，寻找出存在的问题，提出相应的优化推进对策建议，是进一步提高青岛市农地流转中介组织的综合绩效的需要，也是更高更好地合理地优化配置青岛市农村土地稀缺资源的需要。

（二）研究目的和意义

通过对青岛市农地流转中介组织综合绩效评价及优化推进对策研究能够发现青岛市各类不同的农地流转中介组织其综合绩效高低不一，这就可以使青岛市农村地区广大农户非常直观地选择适合自己进行农村土地流转的中介组织，以解决当前青岛市广大农村进行土地流转中出现的影响土地流转进程的棘手的各类突出问题，从而加速青岛市农村土地流转步伐。

通过对青岛市农地流转中介组织综合绩效评价及优化推进对策研究能够使青岛市各类农地流转中介组织发现自身存在的突出问题，根据自身特点，制定相应的解决问题对策，从而加快农地流转中介组织快速发展的步伐，全面推动青岛市农村土地流转迈上一个新台阶。

通过对青岛市农地流转中介组织综合绩效评价及优化推进对策研究能够使青岛市各级政府这只农村土地流转市场中看得见的手更

好地发挥政府在农地流转市场中的宏观调控作用，因地制宜地制定符合青岛市农地流转中介组织内外环境发展需要的政策法规，从而全面推动青岛市农地流转中介组织的健康发展，以期加速提高青岛市农村土地流转的步伐，为青岛市全面决胜小康社会提供强有力的科学的农村土地制度保障。

总之，进行这一课题研究能够使与农村土地流转有关的农户、农地流转中介组织自身以及各级政府都能够从中受益，具有较强的现实意义和实践指导价值。

二、研究综述

(一) 国外学者的研究

1. 国外学者对农地流转本身的研究。国外学者对农村土地流转本身的研究主要集中在以下两个方面：一是农村土地市场交易。在土地市场交易方面国外学者的研究成果表明："较好的土地交易必须制度化，即建立土地交易信息系统，通过一定方式对土地价格进行干预、提供附加投资、地租变化等各种信息。"二是土地流转的影响因素。Kuminoff 于 2001 年通过建立线性计量经济模型来研究基于非农化目的下的影响农村土地流转的各种因素，得出结论：城市人口增长速度快慢、农村土地与城市外源关系是影响农村土地非农化流转的主要因素。Carter 于 2000 年在对一些非洲国家进行实证研究的基础上得出结论："农户初始财富的不均是促进农地交易的最主要因素。"[4] Bogaerts 于 2002 年对中欧诸国农村土地流转进行了大量调查得出结论："阻碍农地市场交易的最主要因素是市场交易费用过高。"[5] 直接提出了土地流转中的交易费用问题。Tesfaye Teklu 于 2003 年在研究农户自身因素对土地流转影响时认为："农户家庭劳动力的数量与农户家中所拥有牲畜的数量与农村土地流转密切相关。其成员年龄和教育程度对农村土地流转的影响并不明确。"[6] 这些研究是从农户自身角度、城市人口的增长、交易费用等方面展开的。国外学者还从产权的角度进行了研究。Feder（1988）认为："农地产权清晰对农场生产力具有积极作用，明晰产权会极大降低交易成本，从而把土地配置给更有效率的农户，提高生产力。"由于交易的是土地的产权，因此 Feder（1988）等人在研究土地流转时把侧重点放在对土地产权的研究分析上。他们认为："清晰的土地产权和较低的土地流转交易成本和土地流转市场化是实现帕累托效率的条件。"同样提出了土地流转的交易成本问题。Ruben（2003）认为："土地产权的实现和农业生产中的相关生产要素之间的配合使用是密切相关的。土地市场交易的效率在受到农业生产类型及农户家庭因素的影响之外，更容易受到市场中的土地、劳动力以及资金等各种要素的配置效率的影响，这些生产要素的合理配置也有助于使土地产权更为明晰，从而降低市场交易成本，消除市场失灵。"也谈到了降低交易成本的问题。Binswanger（1995）指出："生产要素的市场扭曲和农业生产产品的市场扭曲等是资源配置效率下降和经济发展缓慢的主要原因，允许包括土地在内的各种生产要素的自由转移会使土地市场资源配置更有效，农业生产力更加发达，从而激励土地所有者或使用者对土地的深度投资，提高土地使用者的未来收入预期，减少农户的风险规避行为。"国外这些研究对我国进行土地流转具有重要的借鉴意义。如在产权清晰、交易费用以及农户自身因素等方面，特别是交易成本带来的交易费用问题直接为本书研究农地流转中介组织提供了很好的借鉴。

2. 关于农地流转中介组织自身方面的研究

在农村土地租赁合约方面的研究首当其冲的 Stiglitz（1974），其次是 Newberry（1977），他们的共同点是运用委托——代理模型对农村土地租赁合约进行研究。而 Dattaetal（1986）对各种农村土地租赁合约模式下的交易成本进行了较为科学的界定和综述，得出的结论为：经济绩效的增加是在交易成本降低的条件下形成的，从而就促成了农地流转中介组织的产生。由此可见，中介组织的产生首先是用来降低交易成本。在日本农村土地中介组织是农地保有合理化法人，主要任务是为农村土地租赁和买卖双方在数量上的博弈提供条件，为有需要跨地区需求的农村土地流转农户提供服务，解读农村土地流转补贴政策，从而加快农村土地规模化经营的步伐。各国在土地交易中都成立了不同形式的中介组织，这是由于各个国家农业发展情况不一造成的。如道格拉斯·麦克米伦（2000）认为国家应当设立专门的资金如土地发展权转移银行确保土地因交易而产生的稳定性。

（二）国内学者的研究

国内专家学者对农地流转中介组织的研究主要包括以下五个方面的内容：

1. 从农村土地流转的影响因素进行深度的研究。影响因素不同其综合绩效也不同。国内学者早期的研究大都是从影响因素开始的。如牟丽平（2005）从市场机制的角度对农村土地流转的影响因素进行了深度研究。他认为供给和需求是影响农村土地流转最大的两个因素。供给不足的原因就在于农村土地流转收入不高。而对于需求不足，他认为是农业劳动生产率低下造成农业效益不高。从农民自身的角度来看，他认为农民对土地有着深厚的感情，即使农民在土地上创造的价值不如打工的收入，农民宁可抛荒也不流转。邵书慧（2005）认为农村土地流转对农村经济社会发展的各个方面都会产生影响，其中农村土地流转能够促使农业新技术的推广和应用，从而有助于提升农产品的国际竞争力，优化农村经济结构，从而推动农村工业化和城镇化的快速发展。2006年贺振华在研究农村土地供给不足的原因时用投入产出分析方法进行了分析，得出结论："目前农户缺乏土地流转意愿，是因为农户的土地流转收入低于农业兼业收入，要促进土地流转需要进一步提高土地流转收入。"[7]黎霆、赵阳、辛贤通过走村入户抽样调查方法研究农村土地流转的影响因素时认为："土地产权的稳定性与农民农业劳动能力是影响农户农地流转的重要影响因素。"[8]宋伟、倪九派以重庆市为例，采用参与式农户评估法得出结论："农地市场流转的操作程序不规范与缺乏完善的中介组织和社会保障体系以及区位条件是影响重庆地区农用地流转的主要影响因素。"[9]在从农民自身方面如年龄、非农收入等方面对土地流转影响进行分析的基础上，易小燕（2010）认为："随着户主年龄越大，农户转入耕地的倾向下降；非农收入越高，农户转入耕地意愿越小。"郭嘉、吕世辰（2010）等学者认为："现有土地状况、土地流转方式以及经济发展水平对土地流转有重要影响。"张月娥、文枫（2011）等学者对重庆市农户土地流转影响因素科学分析后认为："土地租金能使农户受益最大化时，农户就会积极参与土地流转。"综述以上专家学者的研究成果，本书发现早期的农村土地流转研究的影响因素中还没有直接涉及农地流转中介组织的问题。

2. 围绕着农村土地流转本身有无绩效问题展开研究。这是一个非常关键的问题。因为如果农村土地流转本身没有绩效那就没有进行农村土地流转的任何可能，也就无所谓进行农村土地流转问题研究了。在这一方面研究成果比较多，从而大家形成了共识：农村土地流转是有绩效的。比较有代表的是尹爱飞[10]。他在《农用地流转绩效评价研究——以重庆市为例》一文中采用层次分析法来确定农村土地流转绩效评价指标的权重，通过大量的数据研究表明重庆市农村土地流转是有绩效的，在中国西南地区有一定的代表性。

3. 农地流转中介组织的分类问题研究。在确定农村土地流转本身有绩效之后理论界学术界又对农地流转中介组织分类问题展开广泛研究。学术界理论界普遍认为农地流转中介组织是有绩效的，因此，它参与的农村土地流转能够使农村土地流转走向更加规范的轨道。因此，关于农地流转中介组织方面的研究成果很多，而正确区分农地流转中介组织的类型是搞好农地流转中介组织综合绩效评价的前提和基础。在这一方面专家学者们进行了大量的研究。如王志章、兰剑（2010）认为农地流转中介组织分为五大类："一是土地流转协会；二是土地流转服务中心；三是土地流转服务站；四是土地流转合作社；五是土地银行等类型的土地流转中介机构。"[11]刘莉君则在《农村土地流转模式的绩效比较研究》一文中认为："村集体常常充当了连接农村土地流转的最初转出方和最终转入方的中介方。"把村集体列为农地流转中介组织，而在中国当下农村大部分村集体就是村委会，因此，也可以说村委会是农地流转中介组织。王娟、王志彬（2012）认为："农地流转中介组织是在农村土地流转法律关系中依法设立的以营利为目的、提供专业服务并独立参与土地流转活动的法人。农地流转中介组织分为四大类：由政府和相关部门联合组建的土地流转中介组织、完全依托土地承包经营户为主体联合建立的土地流转合作社、村委会为主体成立的集体经济组织、市场化运作的农村产权交易所。"[12]孔祥智、刘同山、郑力文认为："村委会作为农村事务的传统着力点，其在土地流转中的作用再次引发关注。村委会作为我国农村基层群众性自治组织，上接县乡政府，充当国家政策的最终执行者，下连广大村民，身为基层群众的直接服务人，具有一定准行政机关的特征，是最得天独厚的土地流转中介服务组织。"[13]但是在农地流转中介组织的分类方面陈进的研究成果最具有代表性，他认为："农地流转中介组织主要是三大类：第一类是政府主导的农地流转中介组织，第二类是市场主导的农地流转中介组织，第三类是农民自发成立的农地流转中介组织。"在该文中他提出了公益性农地流转中介组织这一土地流转中介组织的新名称。他认为："公益性农地流转中介组织这是指在农村土地流转市场中向供需主体提供公共物品和公共服务，从而使土地的供需主体收益的社会组织。"[14]这些研究成果直接成为本课题确立的青岛市三种主要的农地流转中介组织（村委会、农村土地流转服务中心、农村产权交易中心）的科学依据。

4. 对各种农村土地流转模式的绩效进行研究。学者们从不同的角度展开进行。如岳意定、刘莉君[15]两位学者认为股份合作制农村土地流转模式绩效最高。他们采用网络层次分析法从农村经济社会发展、广大农民生活改善水平、农业产业化发展程度的视角对出租、反租倒包、股份合作制这三种农村土地流转模式的绩效进行比较研究的。研究的成果得到了学术界的认可。在实证研究方面刘莉君[16]采用粗糙集理论和模糊综合评价方法通过实证分析全面比较了出租、反租倒包、股份合作制、土地信托流转这四种农村土地流转模式产生的绩效。同样得出了股份合作制农村土地流转模式绩效最高的研究结论。关雨竹研究了农村土地流转的两种模式：直接流转模式和间接流转模式。他经过详细研究后得出的结论为："股份合作制的流转模式的综合绩效最高。这是因为农户以土地作价入股，不仅保证了土地的收益性，还把劳动力从土地中解放出来。合作社通过规模化的利用土地实现了产供销一体化的生产模式，农户可以从中获得股份。另外，农户从土地中解放出来可以进行非农业生产增加了收入。"[17]其原因是直接流转模式就是农村土地流转双方面对面地流转。如农户之间、农户与企业之间的面对面地流转，不需要中间方的流转。而间接流转是需要中介方的流转，即农地流转中介组织参与的土地流转。这一研究直接涉及农地流转中介组织的绩效问题。同样是以出租、反租倒包、股份合作制三种模式作为研究对象的，同时结合抚顺县农村地区土地流转的现状和数据展开进行的。张霖在通过大量的数据研究得出的结论："农村土地互换流转模式绩效最低，其实质是农户之间的直接流转模式绩效最低，也说明了农村土地流转必须有农地流转中介组织的参与。"[18]马芳[19]在对一个县——

罗山县农村土地流转实地研究的基础上也得出了农户之间自发流转的绩效最低，而股份合作制农村土地流转模式绩效最高的结论。王雅瑜[20]在对晋江市的一个乡镇——英林镇农村土地流转模式的研究同样得出了股份合作制农村土地流转模式绩效最高的结论。王雅瑜的研究是以农村土地产权、制度变迁、地租及人地关系等相关理论为依据，采取实地考察、问卷调查方法进行的，所以得出的结论可靠真实。

5. 对农地流转中介组织运行绩效进行研究。如王立敏在《潍坊市农地流转中介组织运行绩效研究》一文中从潍坊市农地流转中介组织四大能力的角度构建科学的绩效评价指标体系，从组织能力、运营能力、发展能力以及社会影响能力四个维度进行科学评价。通过大量的数据得出的评价结果为："潍坊市市场化的土地流转中介组织的绩效平均水平为良好，运行效果令人满意。"[21]

青岛市作为东部沿海经济发达地区，对青岛市农地流转中介组织的综合绩效进行科学评价，对推动青岛市、山东省乃至全国农地流转中介组织的快速发展具有重要借鉴意义，具有很重要的研究价值。因此，本书在借鉴他人研究成果的基础上构建了十二个评价指标，采用加权的方式，对青岛市三种主要的农地流转中介组织进行综合绩效评价，这无论是从理论上还是从实践上都做了一个大胆尝试。

三、研究基本思路和研究方法

（一）研究基本思路

1. 通过文献综述与实地调查的方法摸清青岛市农村土地流转的基本情况；

2. 全面掌握青岛市三种主要的农地流转中介组织运行以及发展情况；

3. 从经济绩效、社会绩效、生态绩效这三个方面利用层次分析法对青岛市农地流转中介组织综合绩效进行评价；

4. 通过综合绩效评价发现青岛市三种主要的农地流转中介组织运行中存在的主要问题；

5. 积极借鉴国内外农地流转中介组织发展的成功经验；

6. 结合青岛市广大农村各区域的实际情况，因地制宜地提出适宜青岛市各地农地流转中介组织的优化推进对策，从而加速青岛市农村土地流转的步伐。

（二）研究方法

1. 问卷调查法

本书通过发放农村土地流转相关问题的简易的问卷来全面了解青岛市农村土地流转市场不可或缺的市场主体——农地流转中介组织全面参与农村土地流转实践的状况以及青岛市农村土地流转市场不可或缺的市场主体——农户对农地流转中介组织的了解、熟悉与需求情况。

2. 实地访谈

本书选择青岛市的典型村庄和乡镇对广大农户进行零距离的实地访谈，了解农户以及农地流转中介组织参与农村土地流转的真实想法。

3. 层次分析法

本书运用层次分析法把农地流转中介组织综合绩效评价指标体系分为目标层、准则层和指标层。然后采用统计平均法得出各个指标层的权重，最终计算出各个农地流转中介组织的综合绩效。

四、研究的创新之处

1. 通过对青岛市三种主要的农地流转中介组织的经济绩效、社会绩效和生态绩效进行综合绩效评价，有效地解决青岛市经济社会发展程度不同的广大农村地区如何优化选择农地流转中介组织、同一地区经济发展不同阶段如何优化选择农地流转中介组织等问题，这将为青岛市科学推动农地流转中介组织的快速发展提供理论依据。

2. 本书提出了农村土地流转的实质是从农村土地承包经营权分离出来的农村土地经营权的流转。而农村土地经营权的流转必须有农地流转中介组织的参与才能顺利进行。农地流转中介组织必须始终要坚持为农民服务的宗旨，维护农民的农村土地流转利益。

3. 农地流转中介组织综合绩效的高低取决于与农村土地流转相关利益参与者的多寡。与农村土地流转利益相关者参与的越多，农地流转中介组织的综合绩效就越高，反之，就越低。

4. 首次提出了村委会是农地流转中介组织这一全新概念，打破了村委会是群众性自治组织的传统观念，为下一步修改村民委员会组织法提供了理论支撑。

第二章　相关概念界定与研究的理论基础

一、相关概念界定

1. 农村土地流转

农村土地流转是农村社会主义土地制度的自我完善与发展变迁，是现代科技条件下的先进的生产力推动生产关系发生的重大的社会变革。这一社会变革的实质是农村土地制度的重大调整，它涉及农村土地的所有者、承包者、经营者、管理者以及监督者的利益，因此，农村土地流转不是一般意义上的产权交易，而是在坚持农村社会主义土地公有制的前提下，保持农村土地承包经营权的长久不变，把农村土地经营权全面推向市场，通过市场机制进行科学合理配置，从而使农村土地的小块家庭经营走向社会主义新型农村土地经营主体的规模化经营，其实质指的是农村土地经营权流转。在农村土地流转实践中要牢牢把握三点：一是农村土地所有权归属集体，任何时候都不能动摇，这是在广大农村坚持社会主义公有制最本质的体现，是新时代中国特色社会主义的本质要求；二是把农村土地承包权归属农户，任何时候不能以任何理由收回农户的农村土地承包权，这是新时代中国特色社会主义农村基本经济制度的本质要求，是全面深化农村经济体制改革的最本质的体现，即要始终把保护农民的利益放在农村土地流转工作的首位，成为农村土地流转这场深化农村改革工作的重中之重；三是把农村土地经营权全面推向市场，让市场成为资源配置的决定性因素。这是在农村土地流转工作中全面落实党的十九大报告精神的具体体现。

2. 中介组织

为了规避市场经济发展过程中存在的自然灾害和市场自身缺陷带来的双重风险，在政府和社会力量的推动下为市场主体提供专业化服务的机构应运而生。这些机构就是各种各样的中介组织，它们主要为市场经济主体提供以下服务：一是公证服务；二是代理服务；三是信息技术服务。其中，公证性的含义主要是对一切用于交换的商品包括动产与不动产、有形与无形提供价格评定，同时对参与商品交换的主体提供信任度评价，以促成商品交换的实现。代理性的含义主要是在财务管理、法律事务、企业注册等业务方面代理委托人需要代理的事务。信息技术服务性主要是为买卖双方提供交易信息服务。而本书中提到的农地流转中介组织是公证性、代理性、信息技术服务性为一体的综合性的社会组织。

3. 农地流转中介组织

农地流转中介组织是指在农村土地流转实践中为农村土地流转流出方和流入方提供农村土地流转专业化服务的营利性与非营利性社会组织。在实践中完全市场化的农地流转中介组织，如房屋中介那样的农地流转中介组织在青岛市广大农村是不存在的。目前青岛市的农地流转中介组织按照组建的形式一般分为两大类：一类是农村集体组建的，也就是村集体或者是村委会；另一类是各级政府运用公共财政组建的农村土地流转服务平台。本课题所研究的青岛市农地流转中介组织同已有的研究成果不同，是紧密结合青岛市农村土地流转的实际情况，通过大量调查与访谈发现青岛市的农地流转中介组织的主要类型为村委会、农村土地流转服务中心和农村产权交易中心。

4. 绩效的界定

绩效是指人们和各种社会组织从事某种行为活动的效果评价，它不是一个恒量，而是根据不同条件和环境发生变化可进行测量的结果。这些可以测量的绩效在本书主要是三大类：一是经济绩效，这是农村土地流转最主要的绩效，没有经济绩效就无所谓农村土地流转；二是社会绩效，这也是非常关键的绩效，它反映出农村土地流转的社会效果；三是生态绩效，这是事关人们生活质量高低的关键所在。

5. 农地流转中介组织综合绩效评价

根据目前青岛市农地流转中介组织发展的实际情况，本书选取了十二个评价指标，通过众多专家打分的汇总，确立了十二个指标的权重，在科学计算十二个指标的初始值的基础上计算评价指标的加权值。各个指标加权值的总和就构成了各个准则层的绩效，各个准则层绩效的总和就是综合绩效评价的结果。

二、研究的理论基础

1. 科斯交易费用理论

该理论认为交易是指在经济活动中人们为了各自的经济利益最大化而进行的理性互动行为。这种互动行为人们可以通过市场自动来完成，如在农村土地流转中农户之间面对面的互动行为。同时，人们的这种互动行为也可以通过企业来实现。如在农村土地流转中农地流转中介组织参与的流转行为就是通过企业形式来实现人们的互动行为。但是无论通过那种方式人们的这种互动行为是要付出代价的，这种代价就是交易成本，而交易成本以货币来进行计量时就成为交易费用。在人们的互动实践中交易成本主要包括两大类：一类是交易活动的谈判缔约成本。这种成本是整个交易活动的第一步也是最为关键的一步，没有这一步整个交易就做不成。另一类是交易活动的监督执行成本。这是谈判缔约成功后的交易活动外在表现的经济活动运行所需要的成本。没有这一成本整个交易活动就会半途而废。但是罗纳德·科斯（Ronald·Cosas）的交易费用理论着重点阐述的是在市场交易中企业能够降低交易成本，这是面对众多的小作坊而言。在现代市场中面对众多的小农户，特别是在中国农村土地流转中面对诸多的分散的小农户而言农地流转中介组织作为类似罗纳德·科斯当时所提出的企业的性质而言正是实现交易费用节约的最佳形式。农地流转中介组织参与农村土地流转有利于形成规模交易，改善稀缺的土地资源配置，有利于现代农业的发展。

2. 委托代理理论

现代产权的可分割性首先是所有权和经营权的分离。这一定论是美国两位经济学家伯利和米恩斯在委托代理理论中最先提出来的。而现代产权的可分割性又造成契约理论的产生。典型的契约理论就是委托代理理论。在中国农村土地流转市场中，作为土地出让方的诸多分散的小农户、作为土地产权所有者的农村集体经济组织的代理者——村委会、诸多土地需求方是农村土地流转外在形态农村土地经营权交易的市场主体。在这个困难重重的土地交易中作为土地出让方的诸多分散的小农户成为弱势群体，必须有可靠的代理人来主张其应有的权益，因此，各类农地流转中介组织就应运而生了。通过委托代理减少了土地流转中的各种矛盾。这个委托代理理论是建立在农村土地产权的可分割性，即村集体拥有所有权。诸多分散的小农户拥有长久不变的土地承包经营权，现代产权理论的进一步发展使得现有的土地承包经营权分解为承包权和经营权，从而使得我国的农村土地产权由原来的两权分离发展为三权分立，农户需要寻找到能够代理土地流转的是土地的经营权而不是承包权，更不是所有权。由于诸多分散的小农户能力有限，再加上流转成本过高，所以代理人就可以满足诸多小农户的诉求。委托代理关系中最重要的两个行为主体就是委托人和代理人。农村土地流转问题可以说是一个典型的委托代理问题。诸多分散的小农户作为授权者就是委托人，各类农地流转中介组织作为被授权者就是代理人。

3. 马克思地租理论

马克思地租理论虽然是建立在资本主义土地私有制的基础上，但是对社会主义市场经济条件下的农村土地制度的进一步完善有着重要的指导意义。马克思把地租分为两种主要形式：一种是级差地租；另一种是绝对地租。级差地租又分两种形式：一种是土地肥沃和位置不同形成的；另一种是追加投资形成的。对于中国农村土地流转来说级差地租的这两种形式是重要的理论支撑，这也是农地流转中介组织介入农村土地流转的先决条件。

4. 中国共产党的农地产权理论

中国共产党的农地产权理论是马克思产权理论与中国实际相结合的产物，是马克思主义中国化的具体成果。马克思产权理论是建立在生产资料全民所有制基础上的单一的全民所有的产权制度安排。这一产权制度既没有集体产权，更没有私人产权。这一产权制度是经典作家设计的未来共产主义社会的经济特征，是建立在资本主义生产力高度发展的基础上，对中国共产党的农地产权理论具有普遍的指导意义。新中国成立后特别是1956年三大改造完成后，我国建立起以生产资料公有制为基础的社会主义制度形成了毛泽东社会主义社会产权理论。毛泽东社会主义社会产权理论的精髓就是把马克思单一的全民所有的产权制度安排结合中国的社会发展的实际提出了全民所有和集体所有两种产权制度安排，是对马克思产权理论的继承和发展。毛泽东提出了土地集体所有的产权制度安排，形成了毛泽东农村土地集体所有权理论。但是毛泽东农村土地集体所有权理论一个很重要的特点就在于农村土地集体所有权是不可分割性，即村集体所有、村集体统一经营。毛泽东农村土地集体所有权理论为国民经济的恢复和"一五"计划的提前完成以及在新中国成立后的短时间内建立起的门类齐全的国民经济体系做出了巨大贡献。

在新的历史时期，邓小平继承和发展了毛泽东农村土地集体所有权理论，由村集体所有、村集体统一经营发展为村集体拥有农村土地所有权，而村集体经济组织成员——农户拥有农村土地承包经营权，首次提出了农村土地集体所有权是可分割性的这一新的产权制度安排，形成了邓小平农村土地产权两权分立的理论，即把农村土地集体产权分割为集体所有权和承包经营权。邓小平农村土地产权两权分立理论的实施极大调动集体和农民两个农业生产积极性，在短时间内农业生产水平迈向了一个新台阶。

进入 21 世纪特别是党的十八大以来，以习近平同志为核心的党中央在面对农业生产国际竞争力日益加剧的情况下适时提出了在坚持农村土地集体所有的前提下，稳定农村土地的农户家庭承包权，放活从家庭承包经营权分离出来的农村土地经营权，形成了农村土地三权分置理论。这是对马克思农村土地产权理论的重大突破与发展。该理论认为农村土地的所有权、承包权、经营权可以分属不同的位置，有机地独立运行。在实践中就是要把农村土地所有权归属集体，把农村土地承包权归属农户，把农村土地经营权归属市场。由此可见，农村土地流转的实质就是农村土地经营权的流转。这是在土地承包经营权基础上分离出来的，是建立在农村土地承包权长久不变的前提下农村土地经营权才能独立运行。因为农村土地所有权与承包权是长久不变的，唯一能够变化的就是农村土地经营权。

在农村土地流转实践中除了坚持所有权归集体不变的情况下要特别恒定诸多分散小农户的承包权，这是亿万农户农村土地财产权的标识，否定了农村土地承包权就等于剥夺了农户的农村土地财产权，就会对中国农村社会的稳定与发展产生极大的不利的影响。因此，绝对不能以任何理由收回农户的农村土地承包权。

第三章　山东省农村土地流转概况

当前，山东省已经具备各种农村土地流转的条件。广大农民的年收入根据国家统计局的数据显示60%以上来自于非农领域的收入，也就是农民的外出打工收入。外出农民打工数量的增加，必将导致农村土地流转数量的供给增加。根据山东省统计数据显示：2012—2016年，农民外出打工的年平均收入分别为20000元、22000元、24000元、26000元、28000元，外出打工的收入呈现逐年增长的态势。这种外出打工收入增长的态势吸引更多的农民外出打工，特别是年轻的农民外出打工，对农村土地的感情呈现淡化趋势，这样就有更多的农村土地加入流转行列。2016年山东外出农民工数量增长3.3%，月工资水平为3354元，增长12.6%。在打工队伍中一个新的阶层——新生代农民工的出现迫切要求流转农村土地。近年来国内化肥、种子等农业生产资料价格不断攀升，导致种地成本在增加。根据有关部门统计："2016年种子、化肥价格，与2015年相比分别上涨10%、13%。"大型农业机械的耕种、收割等成本上升较快。根据山东省农业部门统计："在山东省各地农村平均每年每亩小麦玉米机耕费就达160元。"农村劳动者工资不断提高。根据山东省农业部门统计："在山东省农村平均雇1个劳力除了每天管吃1顿饭外，男劳力每天工资100元，女劳力每天工资80元。"由此可见，农民耕种土地的成本每年都在增加。根据山东省农业部门统计："2016 年山东省平均每亩农地生产成本高达 860 元，相比 2013 年提高 15%。由于我国粮食收购价格总体上涨缓慢，山东省每亩小麦扣除成本后实际纯收入仅为 150 元，有些地方甚至没有收入，仅仅是获得口粮自给。"因此，如果再考虑到生产资料价格的快速上涨，根据山东省农业部门统计："2016 年农民种地收入与 2014 年相比每亩减少 60—70 元。"这将使 50 岁以下能够外出打工的农民不得不放弃自己种地，外出打工养家糊口。而把土地流转出去还可以获得土地作为财产的收入。这样就更增加了农村土地流转的供给数量。伴随着农村土地流转规范化程度的提高，广大农民对农村土地流转的权益保障需求逐步得到满足，从而能够增加农村土地流转的供给。

一、山东省农村土地流转现状

到 2008 年年底，山东省流转土地面积 262.67 万亩，占全省耕地总面积的 2.7%；涉及 118.1 万农户，占全省农户总数的 5.9%，这一比例低于全国平均水平。据农业部统计，2008 年，全国通过各种方式流转土地面积已达 1.06 亿亩，占全部家庭承包经营面积的 8.7%。根据有关部门的初步统计，2012 年山东全省的土地流转面积已经超过了 1150 万亩，占家庭承包经营耕地面积 12.6%。而山东科技大学张振华教授在《山东农村土地流转现状调查与政策导向研究》中通过调查得出山东省农村土地流转面积占耕地面积的比重为 12.36%，也证明了山东农村土地流转的比例在 13% 以下，低于全国平均水平。统计资料显示，截至 2012 年年底，我国农民承包地的流转面积已经达到 2.7 亿亩，占到农民承包土地总面积的 21.5%。山东省农村土地流转比例低于同是沿海地区的其他省市的土地流转水平，如上海 58.2%、江苏 41.2%、浙江 40.3%、广东 25.8%、福建 19.3%。山东省农村土地流转比例也低于经济发展水平相当的地区，如河南省农村土地流转面积达到 1251 万亩，占全省农户承包地总面积的 15.1%。安徽省流转土地 1225.6 万亩，约占全省农户承包地总面积 19.7%。山东省农村土地流转比例还低于落后地区，如广西土地流转面积达 480 多万亩，约占全区农户承包地总面积的 14.5%。到 2014 年年底，全国农村土地流转比例为 30.4%，而到 2015 年年底全国农村土地流转比例为 33.3%。目前，山东省农村土地流转比例为 27.3%，与全国平均水平有一定的差距。

山东省各个地区流转不平衡。截至目前，山东省济宁市土地流转面积已达 143.83 万亩，占家庭总承包耕地面积的 25.7%，是 2014 年土地流转面积的 3.5 倍。但是该市汶上县土地流转面积已达 22.55 万亩，占该县家庭承包耕地面积的 29.2%。这个县土地流转比例比较高的原因是农村水利设施配套比较齐全，农村的水电路基础设施比较好。这样就能够吸引更多的人来这里参加土地流转。家住济宁市区的孙伟就是其中的一位，他来到汶上县义桥镇，通过土地流转承包了当地农民 400 亩耕地搞多种经营，土地流转期限为 15 年。尽管土地流转价格比较高，每年每亩地 1000 块钱，但由于当地农田水利灌溉条件比较好，他种植的经济作物，当年每亩收入 4 万元。在孙伟的带动下，他的十几个亲戚朋友也先后到汶上县义桥镇流转承包了 2000 亩土地。

2011 年，青岛市土地流转面积为 48.7 万亩，占耕地总面积的 7.4%。其中 100 亩以上的适度规模经营面积 10.73 万亩，占耕地总面积 1.63%。按照规划，2012 年，全市农村土地适度规模经营总面积占耕地面积的比重达到 15% 左右，而农民承包土地流转率仅为 9.5%；到 2015 年，全市农村土地适度规模经营总面积占耕地面积的比重将达到 30% 以上。在青岛市土地流转推进过程中，专业大户模式是当前的主要模式。这些专业大户主要由科技户、种田能手或有一定经济实力的自然人组成，他们通过租赁和转包的方式受让农户流转出的土地，开展规模经营，取得了良好的经营效果。此外，家庭农场模式也颇具特色。家庭农场主要是由农户家庭组成，他们依法取得法人资格，通过土地流转，从事适度规模的农业生产、加工和销售。由此可见，青岛市根据各区市土地经营状况的不同，农民专业合作社、土地股份合作社、委托经营、农业龙头企业办基地等多种各具特色的土地流转模式纷纷构建起来，将青岛市的现代农业进一步向前推进。

枣庄市共有 59 个乡镇（街道），2114 个村委会，78.63 万农户，其中家庭承包经营的农户 70.25 万户。乡村人口 284.70 万人，农村实有劳动力 164.83 万人，其中从事第一产业的劳动力 76.81 万人。农户家庭承包经营耕地面积 266.62 万亩，户均承包耕地 3.39 亩，人均承包耕地 0.94 亩，全市从事第一产业的劳动力平均经营承包地 3.47 亩。2015 年末，全市农户家庭承包土地流转总面积 28.37 万亩，占全市承包耕地面积的 20.6%。截至目前，全市土地流转面积达 30 万亩，占总耕地面积的 23.2%。

二、山东省农村土地流转特点

1. 农村土地流转区域差异化

农村土地承包经营权流转状况，受市场化的程度和地方经济的发展水平的影响。由于山东省经济发展呈现出半岛地区、鲁中地区和鲁西北鲁西南地区的三个不同层次的结构，使山东省农村土地流转的速度带有明显的地域差异。经济发达的半岛地区农村土地流转工作在改革开放初期就开始了。在 20 世纪 80 年代后期，已经出现了以土地承包经营权流转为基础的新型农场。新华网济南 2008 年 11 月 2 日专电："2008 年山东省流转土地面积 262.67 万亩，占全省耕地总面积的 2.7%，涉及 118.1 万农户，占全省农户总数的 5.9%。"目前，山东省农村土地流转比例为 27.3%，与全国平均水平有一定的差距。在经济较发达的县市和城郊乡镇，农民对土地流转的需求较强。即墨、胶州、诸城、昌邑、滕州、宁阳、沂水、沾化、费县、高密 10 县（市）共流转土地 63.32 万亩，占耕地总面积的 36.1%，胶州市高达 12.8%。目前，据统计，半岛地区的烟台市农村土地流转比例为 43.3%，鲁中地区的潍坊市流转比例为 28%，鲁西北鲁西南地区的济宁德州市虽然出台了多项惠农政策，土地承包经营权流转比例仅为 17%。由此可见，三个不同层次地区的农村土地流转存在很大差距。在调研中随机抽查了山东省三个不同层次的地区三个村庄的农村土地流转情况，表明山东省农村土地流转确实存在地区差异性。这三个村庄的情况如下：烟台龙口市东江镇碓徐家村位于山东省东部地区，该村拥有土地 3000 亩，流转土地 900 亩，流转比例高达 30%。该村人口 2600 人，外出打工 1560 人，属于丘陵地区，相对富裕。山东省泰安市宁阳县伏山镇白马庙村位于山东省中部地区，拥有土地 870 亩，流转土地 140 亩，流转比例为 16%。该村人口 432 人，外出打工 271 人，属于丘陵地区，富裕程度一般。德州市临邑县理合务镇唐家村位于山东省西部地区，该村拥有土地 1100 亩，流转土地 80 亩，流转比例为 7%。该村人口 1083 人，外出打工 300 人，属于平原地带，富裕程度一般。由此可见，东部地区土地流转比例为 30%，中部地区为 16%，而到了西部地区则为 7%。土地流转带有明显的地区差异性。

2. 农村土地流转的受让方主体多元化

农村土地承包经营权的流转中，转出方的主体是众多的农户，受让方的主体呈现出多元化的特点。受让方的主体主要有以下四类：一是本村农户。据统计，山东省土地流转从户数上看，在本村农户之间进行土地流转的占 62%。二是各类种养殖大户。在流转的土地中，山东的各类种养殖大户占 16%。三是农民专业合作社和土地股份合作社占 17%。四是农业企业占 5%。农村土地流转主体由原来的在农户之间的单一化向多元化转变。过去的土地流转主要是在同村的农户之间进行，经营主体大多是单一的农户。随着农业结构调整和效益农业的发展，一些原来的种养殖大户扩大了经营规模，新的各类专业大户不断涌现。同时，还产生了一批新的农业生产经营主体，其中工商企业、专业合作社、股份合作社和科技人员等成了流转土地的受让方主体。

3. 农村土地流转效益呈递增状态

土地流转使土地向没有外出务工的农户转移，统一了种植品种，提高了农产品质量，增强了市场竞争力，增加了农民收入。同时，土地经过流转形成规模经营，生产者可以对规划决策、组织生产等各方面进行科学安排，合理配置，从而实行科学种田，使种植成本减小，收入提高。部分流转土地的农户在按照合同获得一定的承包费的同时，继续外出打工经商；有的在自己流转出去的土地上为别人打工，获得双份收入。如青岛平度市蓼兰镇张家丘村一些农民把土地流转给青岛乡村佳园蔬菜有限公司 2500 余亩，每亩收益 1000元，而其本人在此打工按 70 元/天计算，每月 2100 元工资，年收入26000 多元，不出家门获得了比在外打工更高的收入。土地流转由低收益向高效益转变。当初农民流转土地是为了规避税费，很多土地撂荒无人耕种，随着农业税取消，农户的土地流转收益逐年攀升，流转价格从当初无偿代耕，到目前每亩 300～1000 元，越是种植条件优越、效益高的地方，流转价格越高。从调查情况看，流转土地，特别是集中连片流转用于发展优质经济作物、反季节作物、畜禽养殖和旅游观光等高附加值农业的较多，用于粮食种植的较少，农作物的附加值增幅很大。由此可见，农村土地流转在广大农村取得了明显的成效：第一，促进现代农业由分户经营到适度规模经营转变，带动了农业结构的调整，促进了土地规模化经营；第二，农地流转加快了农业产业结构的调整，提高了土地的单位产出效益；第三，农地流转提高了农民的收入。

三、山东省农村土地流转形式

关于农村土地流转形式，2005年农业部发布的2005年3月1日起正式施行《农村土地承包经营权流转管理办法》第六章中的附则第三十五条规定："本办法所称转让是指承包方有稳定的非农职业或者有稳定的收入来源，经承包方申请和发包方同意，将部分或全部土地承包经营权让渡给其他从事农业生产经营的农户，由其履行相应土地承包合同的权利和义务。转让后原土地承包关系自行终止，原承包方承包期内的土地承包经营权部分或全部灭失。

转包是指承包方将部分或全部土地承包经营权以一定期限转给同一集体经济组织的其他农户从事农业生产经营。转包后原土地承包关系不变，原承包方继续履行原土地承包合同规定的权利和义务。接包方按转包时约定的条件对转包方负责。承包方将土地交他人代耕，不足一年的除外。

互换是指承包方之间为方便耕作或者各自需要，对属于同一集体经济组织的承包地块进行交换，同时交换相应的土地承包经营权。

入股是指实行家庭承包方式的承包方之间为发展农业经济，将土地承包经营权作为股权，自愿联合从事农业合作生产经营；其他承包方式的承包方将土地承包经营权量化为股权，入股组成股份公司或者合作社等，从事农业生产经营。

出租是指承包方将部分或全部土地承包经营权以一定期限租赁给他人从事农业生产经营。出租后原土地承包关系不变，原承包方继续履行原土地承包合同规定的权利和义务。承租方按出租时约定的条件对承包方负责。本办法所称受让方包括接包方、承租方等。"

2016年通过有关数据统计显示："从全国的整体情况来看，转包和出租一直是农村土地承包经营权流转的主要形式，这两种形式流转的土地占总流转面积的71%。转让为6%，入股为15%，其他为8%。"全国范围内的调查显示："转包、转让、互换主要是在农户之间自发地进行，而入股、出租等流转形式则是依靠乡村集体组织来推动"。

2016年据山东省有关统计数据显示："山东省在已发生的土地流转面积中，农户自发流转土地面积占41%，乡村集体统一组织的流转土地面积占57%，其他2%。"这说明乡村集体经济组织（村委会）在山东省的农村土地流转起主导作用，从而充当了农地流转中介组织的新角色。

2016年据山东省有关统计数据显示："山东省各种土地流转形式所占的比例为：土地转包61.07%，土地出租17.78%，土地转让7.52%，土地互换13.29%，其他0.33%。"这说明山东省农村土地流转形式仍然以转包和出租为主，虽有一定的转让，但是比例不大。

2016年在具体县市的调查也证明了上述结论。在泰安市的调查显示："农村土地转包9.32万亩，转让1.96万亩，互换3.97万亩，出租6.71万亩，入股4.46万亩，其他2.87万亩，分别占总流转面积的32%、7%、13%、23%、15%和10%。"转包和出租占到55%，成为该地区农村土地流转的主要形式。在青岛平度市的调查显示："土地流转中，转包面积80196亩，占流转总面积的88.8%；转让面积1477亩，占流转总面积的1.6%；互换面积390亩，占流转总面积的0.4%；出租面积6133亩（其中包括由村集体统一对本村以外的单位和个人发包的专业承包和"四荒"等面积），占流转总面积的6.8%；入股面积918亩，占流转总面积的1%。"转包成为更主要的农村土地流转形式。

四、山东省农村土地流转模式

山东省各地创造了很多农村土地流转模式，在全国比较有名的有宁阳"股份＋合作"模式、滕州西岗农村土地流转有形市场模式和莱芜龙头企业带动模式。本书重点介绍宁阳"股份＋合作"模式。因为这种模式是以体现农村土地承包经营权作为农民财产权的股份和农民作为劳动者身份的平等合作为主要特征的农村土地流转形式比较符合广大农民的追求承包土地增加财产性收入的心理要求。

1. 模式简介

泰安市宁阳县蒋集镇郑龙村广大农民于2006年创造的一种农村土地流转模式,称为"郑龙模式",广称为宁阳"股份＋合作"模式。该模式依托农村乡镇龙头企业泰安市弘海公司,在坚持农村家庭承包经营制度这一农村基本经济制度长久不变的情况下,在不改变农村土地农业用途的前提下,通过积极引导广大农民以家庭土地承包经营权入股,成立有机蔬菜合作社,进行蔬菜的规模化经营、产业化发展,从而提高了农村土地的高附加值,使有机蔬菜合作社入股各方收入得到明显增加。根据农业生产方式不同,宁阳模式可细分两种基本模式,第一种模式用于农业种植投资小、见效快的一般蔬菜短期作物生产,这是没有种植大户参加的模式。该模式的运行方式为公司＋合作社(基地)＋农户＋集体;第二种模式用于农业投资大、技术含量高、收入高的设施农业。运行方式为公司＋合作社(基地)＋大户＋农户＋集体。两种模式的区别就在于第二种模式比第一种模式多了大户经营主体。两种模式的共同点就在于把合作社当作为基地,村委会当作为协调者,公司为龙头。这两种模式都是把各方的利益拴在一起,形成利益共同体。

2. 运作方式

该模式的运作主要采取以下方式进行:一是村委会严格坚持农民自愿有偿的原则,流转农民承包地。在此基础上村委会积极引导广大农民以承包土地经营权为入股的方式进行土地流转。在实践中就是把农民农村土地家庭承包经营权量化为股份,共同组建有机蔬菜合作社。二是有机蔬菜合作社成为土地流转受让方统一经营管理农民入股的土地。三是有机蔬菜合作社挂靠在农村乡镇龙头企业泰安市弘海公司，组织生产。四是有机蔬菜合作社首先支付农民流转土地的出让费用，按照每亩一股700元进行支付。然后有机蔬菜合作社再按照当年收入的80%进行按股分红。

3. 运作效果

宁阳县广大农民普遍采取的"股份＋合作"模式创新土地流转新路子，为发展该县的农村特色产业特别是有机蔬菜提供了强有力的土地支撑。同时，也使该县的农业生产实现了产业化布局、规模化发展，对增加农民收入和消化农村剩余劳动力方面起到了重要的作用。目前，该县按照这种模式流转土地2.82万亩，占该县整个土地流转的比例为37.1%。

通过对山东省农村土地流转概况的阐述可以发现广大农民对农村土地流转的作用是认可的，山东省农村土地流转形式同全国基本一样，农村土地流转也具有自身特点，符合农村土地流转规律，创造的农村土地流转模式也在全国引起轰动。但是山东省农村土地流转却走在了全国的后面，不及全国平均水平，甚至比落后地区还要缓慢。这究竟是什么因素造成的？需要对山东省各地的农村土地流转实践分析之后去寻找制约因素。

第四章　山东省各地农村土地流转实践

一、泰安："两强化"推进农村土地流转

泰安市政府高度重视农村土地流转工作，在全市范围内大力推行强化农村土地流转市场平台建设，全面提升农村土地流转服务质量。强化农村土地流转相关知识的培训与宣传，着力推进农村土地规范流转。市政府在辖区内各个乡镇街道进行农村土地流转信息联网，进一步规范了土地流转。

市政府农村土地流转服务中心工作人员定期深入到农村田间地头，了解农村土地流转情况，现场指导农村土地流转工作，将所收集到的有关农村土地流转的供给与需求双方信息，在各类农经信息网上以及在市乡镇农村土地流转服务中心的网站上定期与不定期发布，为农村土地流转供需双方提供准确的信息服务。根据农村土地流转市场的变化情况，及时发布农村土地流转费用信息，指导农村土地流转。

市政府有关部门聘请计算机方面的专家对从事农村土地流转经管人员进行有关农村土地流转涉及的计算机知识培训，使工作人员全面掌握计算机信息技术，从而更好地做好农村土地流转信息收集发布工作。同时，市政府有关部门还邀请农村土地流转方面的专家

就农村土地承包政策对其农村土地流转经管人员进行了培训。使经管人员了解掌握农村土地流转政策、法规，熟悉农村土地流转程序及业务办理手续，加快农村土地流转步伐。此外，该市采取发放农村土地流转明白纸、加大媒体报道等方式，大力宣传农村土地流转的情况，从而提高广大农民农村土地流转的积极性、主动性，使农村土地流转工作在市各级农村土地流转服务中心的指导下规范进行。

二、临沂：农村土地流转催生无公害纯天然绿色家庭农场

临沭县曹庄镇东郭疃村村民李成钢通过土地流转承包本村 100 亩土地，办起了在当地少有的家庭农场，在当地农民中无人不知。他的家庭农场以种植核桃为主，重点培育核桃苗。在他的家庭农场里也从事养殖业，主要是养鸡、养猪。通过养鸡养猪的肥料来种植核桃，从而建设无公害纯天然绿色家庭农场。目前，在临沭县像曹庄镇东郭疃村村民李成钢这样通过土地流转已拥有上百亩土地的农场主多达 100 余个。其中，种植面积达 1000 亩以上的就有 2 家，使农村土地真正地流转起来，大大活跃了农村经济。

三、德州：农村土地流转农民说了算

德州茌平县农村土地流转受让方主体为农民专业合作社、农村家庭农场、农业股份合作组织。这些土地受让方作为市场经济经营主体通过农村土地流转发展农业的适度规模经营。该县在农村土地流转过程中，坚持"土地转不转、如何转，农民说了算；补偿方式、数额，'供需'双方商量办"的原则，对农业规模经营所需的土地，由农村土地供给与需求双方直接进行面对面的价格"谈判"，农村土地流不流转完全由农民说了算。村委会只是从中发挥协调作用，乡镇政府职能部门提供统一格式的农村土地流转协议，土地流转协议达成后，由土地流转双方、村委会以及乡镇政府职能部门四方盖章

签字生效，以确保农村土地流转顺利进行。该市茌平县的农民专业合作社、农村家庭农场在土地流转中都是直接与农民"谈判"，采取现金支付的形式，使广大农民能够得到直接看得到的物质利益，从而推动了农村土地流转的进行。

四、济宁：以县、乡供销社联合社服务为主导推动农村土地流转

济宁市在农村土地流转工作中充分发挥供销社的主导作用，推动农村土地快速流转。在实践中，该市主要是以县、乡供销社联合社为主体，依托县、乡供销社联合社所属的龙头加工企业，在村两委的全面协调下，借助农民各类专业合作社，与农业企业、种植大户合作，来推动农村土地合理有序流转。农民在交纳一定的管理费用后，供销社为广大农民提供合格的农资，并提供相应的农机化服务，使广大农民放心种地。目前，该市共有9个县（市区）供销社、60余个供销社基层社和24个供销社所属企业参与这项工作，组建服务队100余支，服务该市农户9万余户，服务土地面积23万余亩，每年为农民增收节支5600余万元。省供销社专门在该市汶上县召开了农村土地流转现场会，推广该市的成功经验。

五、潍坊：农村土地流转费用由小麦市场价来决定

农村土地流转费用一般情况下都是直接用现金衡量并付清，如每亩500元、1000元等。但在潍坊市则是基于物价不稳定并且年年有上涨之势，在农村土地流转中没有采用货币性的一次交易付清的办法来计算流转土地的费用。该市采取流转土地小麦市场价来确定流转土地费用，深受广大农民的欢迎。流转土地小麦市场价就是参照发放流转土地费用时的市场价格，以流转土地小麦平均亩产为基准发放土地流转费用。流转土地小麦市场价作为土地流转费用也就是一年一结算，而不是一次性付清，每隔两年根据物价等因素调整

一次流转费用。首次土地流转费用是按照土地流转后每亩预期小麦平均亩产量提前支付给流转土地的广大农民。这种土地流转模式得到广大农民的认可，并很快推广开来。

2011年潍坊瑞海新城有限公司的开发黑山生态园，涉及乔官镇周边的五个村庄，共流转了近7000亩山地，全部采用了这个定价模式。生态园一期给出了每亩500斤小麦市场价的土地流转费用，第二期就涨到了1200斤。潍坊瑞海新城有限公司开发黑山生态园给出的1200斤小麦的土地流转费用远远高出了当地的实际产出量，而且潍坊瑞海新城有限公司的开发黑山生态园都是提前两年给了钱，农民心里踏实了，农村土地流转速度明显加快。

六、菏泽：农机合作社引领农村土地流转

农机合作社本来是为农业生产提供农机服务的，但在菏泽市农机合作社则引领农村土地流转，取得很大成效。

2012年以来，巨野县龙堌镇农机合作社经与农户谈判，承包了该镇周边3个村庄农户800亩的土地，进行规模化经营。该合作社每亩的租赁、承包资金为500元，吸纳近160多户农民在该合作社就业，解决了农民转出土地后的生存问题。柳林镇史屯农机合作社，2012年承包土地1000余亩，按照每年800元的农机作业及肥料、农药成本收取土地流转后的规模化经营费用，其生产后的农作物全部返还给农户，取得了显著的经济、社会效益。

独山镇曹楼农机合作社自2000年以来，在本镇及周边村庄承包大片耕地及池塘种植小麦、玉米和莲藕，并利用河塘发展水产养殖，为加快农村土地流转、减少耕地抛荒起到了积极的推动作用。

七、枣庄：有形市场推进农村土地流转

枣庄市通过建设农村土地流转有形市场，充分利用市场机制的

作用，加快推进农村土地流转。农村土地流转有形市场有以下几个方面：一是枣庄市在全市建立起三农服务中心。这个服务中心与该市的各区市乡镇的农村土地流转服务中心联网，实现了农村土地流转市场服务网络化。二是各区市全面建立了农村土地流转服务中心。这个服务中心的职责就是全面指导各个乡镇村庄的农村土地流转健康有序进行。三是各个乡镇建立农村土地流转市场。这个市场的职责就是定期不定期地发布农村土地流转的相关信息。同时，这个市场还要为农村土地流转双方提供各种服务，如土地流转合同的签订、土地流转费用的评估、土地流转中产生的利益纠纷是选择调节、仲裁还是走法律程序等。四是各个村庄建立起了农村土地流转服务站。服务站的职责就是负责收集农村土地流转的各种信息并上报给乡镇农村土地流转市场，以供其发布使用。同时，服务站还要帮助农村土地流转双方签订土地流转合同，帮助他们计算土地流转费用，从而使广大农民大胆放心地进行土地流转。这样，枣庄市就形成了全市——各个区市——各个乡镇——各个村庄的农村土地流转有形市场，从而加快了该市农村土地流转步伐。

八、滨州：农机合作社农场全程参与农村土地流转

国内第一家由农机企业参与建设的全泉农机合作社农场坐落在滨州市邹平县。该合作社农场按照"农机租赁——土地托管经营——土地流转经营"的工作流程，全程参与农村土地流转，极大地推动了当地的农村土地流转进程。具体来说，该合作社农场与土地流转形成规模经营的农业种植企业、农业种植大户合作签订协议，向这些企业和大户提供完整的农业机器设备并收取一定的租赁费用，这就是农机租赁。而对种粮大户进行土地托管经营，负责种粮期内的耕、种、管、收，粮食全部归种粮大户所有，合作社农场只收取一定的管理费用，这就是土地托管经营。对于农村土地流转经营则

是农机合作社农场与广大农民签订农村土地流转合同，对流转出来的农村土地实施规模化经营，产业化发展。农机合作社农场按照农村土地流转给流转出土地的广大农民土地流转费用，这就是土地流转经营。从而创造了土地流转中的两收入一支出模式。

九、聊城：农村土地流转催生种植大户

聊城市农村土地流转呈现出上升趋势。2016 年比 2015 年新增农村土地流转 7.86 万亩，增长 1.09%，土地流转面积达 65.38 万亩，涉及 11.97 万户。在土地流转中，转包是主要形式，转包面积为43.28 万亩，占流转总面积的 66.19%。出租 13.84 万亩，占21.17%；互换 2.86 万亩，占 4.37%；转让 3.37 万亩，占 5.16%。在土地流转过程中，以土地入股占整个土地流转总面积的 1.29%；其他形式流转 1.18 万亩，占 1.81%。土地流转工作得到农民的响应，进展顺利。在土地流转中一大批各类不同的种植大户从众多的分散的小户经营中脱颖而出，促进了农业劳动力的快速转移。目前，聊城市种植面积超百亩的种植大户 123 户，其中种粮大户 62 户。这些种植大户过去有的是外出打工人员，有的是外出经商人员，还有的担任过村干部。但是，他们经过努力学习种植业务后迅速成长为种植能手，并发展为种植大户。这说明，在农民这个最大的人力资源中蕴藏着巨大的人力资本，只要条件成熟，他们就会脱颖而出，成为发展现代农业的主力军。如高唐县的种粮大户郭延涛就是如此，目前他经营耕地 717 亩，2012 年粮食总产 770.7 吨，其中小麦总产358.5 吨，玉米总产 412.2 吨。向社会出售粮食 762.3 吨，实现经济效益 30.6 万元。

十、东营：村两委积极开展农村土地招商

东营市在农村土地流转工作中发展现代农业示范园和建设示范

基地方面采取各种优惠政策鼓励扶持农民专业合作社、种植大户以及各类龙头企业在农村土地中进行规模化经营产业化发展。在土地流转中村两委发挥了积极作用。如垦利县董集镇的薛家村的村两委积极出面协调，将本村的土地集中起来通过协商出租给农民专业用于积种植水稻，实现了农业生产的规模化经营产业化发展，效益明显提高。而垦利街道的大三合村村两委则是积极开展用土地招商，将本村流转集中起来的土地流转给山东一路风景有限公司。该公司大面积种植中药材和发展创意农业。土地流转形成的规模化经营使大量农村劳动力得以从土地上解放出来，转移到非农领域就业，既增加了农民的财产性收入，又增加了农民的工资性收入，产生了良好的经济效益和社会效益。

十一、济南：农机合作社托管农村土地

章丘市的辛寨镇和高官寨镇大胆实施农机合作社托管农村土地模式，推进农村土地流转，让农民省力省钱省心。农机合作社托管农村土地分为两种：一种是全托，另一种是半托。无论是全托还是半托都是不改变农村土地承包经营关系，即稳定家庭承包权，把土地经营权流转给当地的农机合作社，农机合作社进行托管经营。农民根据自己的意愿选择全托或者半托。全托就是把与流转土地相关的一切管理服务全部委托给农机合作社，由农机合作社全权负责种子农药化肥的采购，统一耕地播种以及粮食的收割，同时农机合作社还要负责田间的管理。流转出土地的农民成了真正的"闲人"。而半托就是农民根据自己的实际情况选择农机合作社的部分服务。这种农村土地托管式流转从根本上解决了农忙时农村劳动力数量不足的问题。而且机器代替人工进行农业生产效率大大提高了，在外打工的人就可以安心打工了。签了土地托管合同，粮食收割、抢收工作都由农机合作社负责，避免了粮食不必要的损失，让农民省力省

钱省心。目前，章丘市农机合作社托管农村土地的面积达 5 万亩，有力地推进了农村土地流转。

十二、威海：对农业规模经营主体给予奖补

威海市政府 2013 年就出台了《农村土地承包经营权流转财政奖补资金管理使用意见》，支持各区市、乡镇以及村庄大力开展农村土地承包经营权流转工作。这个使用意见主要是对农村土地流转受让方受让的土地面积达到一定数额给予政府奖励。而对土地流转成绩突出的村庄则给予土地流转工作经费补助。符合条件的单位和个人可及时向所在镇（街）申报。

该市对 2013 年全市范围内（不含荣成市）土地流转受让方以不同的土地流转模式参与流转，以及在土地流转工作中发挥作用的村集体经济组织给予相应的扶持与奖励。参与农村土地承包经营权流转的社会主义市场经济经营主体主要包括农业龙头企业、农民专业合作社、家庭农场、专业大户等。奖补政策的实施将加快土地资源高效利用，引导农业相对集中、适度规模经营，提高土地利用率、产出率，促进农业增效和农民增收。

按照相关政策规定，凡纳入财政奖补资金扶持范围的流转土地，必须是农民依法承包经营的耕地；土地流转后不得改变其农业用途；当年新增流入土地连片面积须达到 500 亩以上，且发展高效特色农业；流入土地的期限必须在 5 年以上（含 5 年），且不超过土地承包法定的剩余年限；与土地承包经营权流出方签订了规范的农村土地流转合同，且合同起始时间为 2013 年 1 月 1 日至 9 月 30 日之间。

对土地流转受让方是以受让方土地的面积为基本数进行奖励的。受让方土地的面积达到 500 亩，得到政府一次性奖励 8 万元。在此基础上，流转土地面积每增加 200 亩流转可获得 2 万元奖励。对于土地流转工作成绩突出的村庄的奖励条件是流转后的土地规模经营

面积比较大，可以获得政府发放的 5000 ～ 20000 元土地流转经费补助。

十三、烟台：政府协调一次农村流转土地一万亩

山东省烟台市莱山区院格庄街道出面协调促成烟台瀑拉谷农业开发有限公司租赁院格庄街道周围 5 个村庄一万亩土地，用于建设酒庄产业集群，这成为烟台最大的农村土地流转项目之一。烟台瀑拉谷农业开发有限公司除了交纳租赁土地费用外，还要负责解决当地 4000 名流转出土地农民的就业问题，实现了农民与公司的双赢，农民进入公司当了工人，实现了身份的转换。烟台瀑拉谷农业开发有限公司大力发展旅游度假业，打造与"美国加州纳帕山谷、澳大利亚布鲁萨山谷"等世界级酒庄齐名的休闲、养生、旅游、健身胜地，树立现代农业新品牌，以发展酒庄产业为依托，使第一、第二、第三产业烟台瀑拉谷农业开发有限公司内形成联动发展机制，突出东方酒文化特色。瀑拉谷休闲产业集群项目在 2013 年的 6 月底建成 10 个经典的酒庄，其北部区域为葡萄种植，面积 2500 多亩，每年生产葡萄约 1200 多吨，酿造葡萄酒 600 多吨。通过第一、第二、第三产业烟台瀑拉谷农业开发有限公司内形成联动发展机制，烟台瀑拉谷农业开发有限公司对院格庄街道的整体经济都有极大地拉动作用。

十四、青岛：政府全面推动农村土地流转

2011 年，青岛市在四市三区 129 个乡镇，建立农村土地流转服务中心，还在符合条件的城镇建设起"农村土地银行"。同时，以每年不少于 1000 万元的资金，为种粮大户提供扶持，全力推进农村土地流转和土地适度规模经营。2012 年建立起了市、区市、镇（街道）、村四级农村土地流转服务网络，鼓励农民以转包、出租、互换、转让以及股份合作等多种形式进行农村土地流转。

十五、日照：政府、企业、农户三方联动农村土地流转

坐落在碑廓镇的金星农业生态园，是一家采用国际先进技术，发展种植业与饲养业结合的自给自足式生物动力农业的企业。2012年，企业通过土地流转的方式获得了500多亩的土地经营权，并在园内规划建设以色列种植示范区、生态养殖区和有机肥生产区。金星企业负责人刘奎祝指出：土地流转是金星农业生态园发展面临的最大的问题。如果解决了土地流转问题，金星农业生态园就能以自己的技术和管理带动辐射周边拥有2万~3万亩土地的农民增加收入。为此，岚山区实施了政府、企业、农户三方联动措施，来推动农村土地流转，以做大做强本地特色农业。岚山区先后成立区、镇、村三级土地流转服务中心，其中村级土地流转服务站就达400个。岚山区农业局局长费秀梅指出："土地流转服务中心主要就是为土地流转供求双方提供信息、签订合同指导服务，建立区土地流转信息库。村级流转服务站还参与流转土地收益评估，同时，还在乡镇设立了土地承包经营权流转交易大厅，方便群众土地流转。"2012年，岚山区实现土地流转3.3万多亩，新发展各类特色农业3.3万多亩，总面积达26万亩。为加快推进现代生态农业发展，岚山区2013年还专门设立1000万元特色农业奖励扶持资金，用于发展茶业、渔业等特色优势产业。

十六、淄博：龙头企业带动农村土地流转

高青县芦湖街道充分发挥当地山东农凯米业龙头企业的带动作用，制定优惠政策，积极引导农民流转土地。2013年在街道农委的全力推动下，该街道的太平魏、索家、菜园、屋子等村发挥自身优势，形成以联合龙头企业公司发展传统优势产业的模式，这些村庄1700多户借助山东农凯米业国家地理商标高青大米的品牌优势，新

流转土地 3000 余亩，新增水稻种植面积 5800 多亩。积极与山东农凯米业龙头企业合作大力推行工厂化育苗、机械化插秧、机械化收割，大力推广"稻田养蟹"等无公害水稻的生态种植模式，进一步提升山东农凯米业龙头企业"高青大米"国家地理商标品牌。

十七、莱芜：对农村土地流转工作实施全面奖励

莱芜市政府对农村土地流转工作高度重视，对农村土地流转各方实施全面奖励。对土地流转数量在 200 亩以上的村庄给予每亩 50 元的土地流工作经费奖励，用于进一步推动农村土地流转。而对土地流转双方，即转让方与受让方同样也有奖励。对受让方一次受让土地 200 亩以上，土地流转期限在 5 年以上的，莱芜市政府给予每亩 100 元的政府奖励，但是受让方在同等条件下要优先安置转让方的农民就业。对于全部转出土地的农民在自主择业和项目选择中给予优惠政策。同时，在其子女就学等方面享受与城镇居民同等待遇。通过这些奖励政策莱芜市政府充分调动了各方参与农村土地流转的积极性。

小结：在十七地市农村土地流转中，政府对土地流转实施奖励的地方为莱芜、东营、威海、淄博四个城市。一方面充分体现了政府对农村土地流转的高度重视；另一方面也说明农村土地流转市场还不完善，需要政府去完善。政府出面协调与政府推动农村土地流转的地区为青岛、枣庄、日照、烟台、泰安、济南六个地区。政府协调是政府作为农村土地流转中间者，充当着农村土地流转中介组织的角色。这反映出山东省农村土地流转中介组织发育滞后的情形。而政府推动则暴露出政府替代市场推进农村土地流转。这更加说明了山东省农村土地流转市场的不完善性。政府奖励、政府协调与政府推动充分说明政府在土地流转中起到了主导作用。村委会扮演中

介组织角色的地区为德州、济宁、潍坊三个地区，而真正让广大农民成为土地流转的主体只有聊城、临沂、滨州和菏泽四个地区，这说明广大农民成为土地流转的被动者。由此可见，尽管山东省农村土地流转的政策比其他省市还要优惠，但是广大农民在农村土地流转中的被动地位，从而造成了山东省农村土地流转远远落后全国的平均水平，也低于落后地区。

第五章　青岛市农地流转概况

近年来,青岛市各级政府在实践中严格执行农业部 2005 年 1 月 19 日农业部第 47 号发布的自 2005 年 3 月 1 日起施行的《农村土地承包经营权流转管理办法》、《中共中央办公厅国务院办公厅关于引导农村土地经营权有序流转发展农业适度规模经营的意见》(中办发〔2014〕61 号)、《国务院办公厅关于引导农村产权流转交易市场健康发展的意见》(国办发〔2014〕71 号)以及农业部 2016 年 6 月 29 日发布的《农村土地经营权流转交易市场运行规范(试行)》,结合青岛市农村土地流转的实际情况,因地制宜地制定本地区农村土地流转的地方性法规政策,促使青岛市农村土地流转全面进入了以农地流转中介组织为媒介的交易市场新时代,农村土地流转呈现出速度规模递增的趋势,为农业现代化、农业产业化发展以及全面建成小康社会提供了强有力的农村土地制度保障。

一、青岛市农村基本情况

在青岛市政府下发的《关于印发青岛市"十三五"农业与农村经济发展规划的通知》中全面系统地介绍了青岛市人均占有耕地情况:全国人均占有耕地 1.52 亩;山东省人均占有耕地 1.21 亩,低于全国平均水平;青岛市人均耕地仅有 1.05 亩,不仅低于全国平均水平，也低于山东省平均水平。这说明青岛市是人多地少、耕地资源紧缺的沿海城市。随着城市化的大力推进，人均占有耕地会逐年减少。[22]总之，青岛市的农村土地资源处于相对匮乏的水平。这是大力推进农村土地流转必须考虑的因素。

目前，在农村土地流转中青岛市有五个县市区，它们分别是平度、莱西、即墨、胶州四个县级市和黄岛区，是青岛市农村土地流转的典型县市区，也是本书研究重点。此外，还有两个区，即崂山、城阳两区，不是本书研究的农村土地流转的区域。全市共有129个乡镇（街道办事处），农村居民497万人，其中，农村有劳动能力的人为273万人，男劳动力145万人，女劳动力128万人，耕地面积为52万公顷。[23]

（一）青岛市各区市农村人口与劳动力情况

各区市	户（万）	人口（万）	劳动力（农村）（万）
崂山	4.8	13.9	7.9
黄岛	27.5	90.4	45.3
城阳	15.5	41.7	22.2
即墨	29.5	99	54.5
胶州	19.9	64.6	35.7
平度	37.5	123.8	70.5
莱西	20.6	64.0	37.4

（数据来源：2017年青岛统计年鉴，215页）

农村人口最多的市区是平度，依次为即墨、黄岛、胶州、莱西、城阳、崂山。农村劳动力同农村人口呈正相关。

（二）耕地面积

单位：公顷

各区市	2016 年年末耕地面积
崂山	900
黄岛	74561
城阳	6720
即墨	99859
胶州	64112
平度	184315
莱西	89478

（数据来源：2017 年青岛统计年鉴，220 页）

耕地最多的市区是平度，依次为即墨、莱西、黄岛、胶州、城阳、崂山。

（三）青岛市广大农村化肥、农药使用情况

1. 化肥使用情况

2016 年青岛市广大农村平均每公顷耕地化肥施用量 546 公斤，各区市化肥具体用量如下：

各区市	总量（吨）	平均每公顷耕地化肥施用量（公斤）
崂山	360	399
黄岛区	33659	451
城阳区	1177	175
即墨	37449	375
胶州	37842	590
平度	123131	668
莱西	50129	560

（数据来源：2017 年青岛统计年鉴，233 页）

崂山和城阳不是农业大市，在计算化肥使用量可以特别看待。即墨平均每公顷耕地化肥施用量最低为375公斤，而平度最高为668公斤。越是农业经济落后地区化肥使用量越高，而经济越发达的地区使用量越低，胶州和莱西居中。

山东省每一亩平均化肥用量27.2公斤，比全国平均用量高6公斤，比世界平均用量高19.2公斤。按照这个标准，青岛市农村化肥使用量只有即墨市为每亩25公斤，低于全省平均水平，但是仍然高于全国平均水平21.2公斤的水平，同时远远高于世界平均水平19.2公斤的水平。其他的农业大市都高于全省全国平均水平，如胶州每亩39.3公斤，平度为44.5公斤，为青岛市最高。莱西为37.3公斤，处于中等水平。超量化肥投入，造成不仅山东省土壤酸化、次生盐渍化加重，而且青岛市也不例外（数据来源参考：山东省人民政府办公厅2014年12月19日《关于印发山东省耕地质量提升规划（2014—2020年）的通知》）。

2. 青岛市农药使用情况

目前，青岛市在实践中严格规范农药的使用。在实践中，青岛市政府职能部门从源头上把好农药经营关，一是把目前市场上经营农药的3300多家农资经营店全部纳入农药追溯平台管理，以确保农药使用上的安全。二是全方位监管农药的使用过程。在实践中在全市76个镇（街）和300个村（合作社）建设了农产品农药检测室，随时检测农产品的农药残留情况，时时跟踪农药的使用安全。三是大力培训农药从业人员。在全市建立了74所农民田间学校，全方位培训农药从业人员3.1万人。以上措施的实施使青岛市农药的使用走向了更加规范化的轨道。[24]

3. 化肥农药未来使用展望

在今后的化肥农药使用中，青岛市政府采取以下三大措施确保化肥农药使用上的安全：一是坚决实施化肥农药使用量零增长战略。

目前青岛市的化肥使用量不仅高于全国平均水平，而且远远高于世界平均水平，这与青岛市全面走向国际生态农业大市的要求相差甚远。为此，在实践中要大力推广减少化肥使用量而增加经济效益的技术，为此要扩大测土配方施肥面积。二是在水果、设施蔬菜、茶叶领域开展有机肥替代化肥试点示范工作，科学引导广大农民增施有机肥，减少化肥使用量。三是大力推广绿色防控技术，依托新型经营主体和专业化服务组织，开展农作物病虫害统防统治与绿色防控融合示范，全面减少农药的使用量。[25]

二、农地流转的历程

习近平总书记在党的十九大报告中指出："实现小农户和现代农业发展有机衔接。"这说明在当前和今后一个时期小农户将在我国长期存在，但是要想有生机和活力就必须与规模化为特征的现代农业进行有机衔接。而有机衔接的途径就是在广大农村目前朝气蓬勃的农地流转。要进一步搞好当前和今后一个时期广大农村的农地流转就必须全面而系统地了解我国农地流转的历程。农地流转在我国农村改革开放近四十年的伟大实践中经历了三个发展阶段。

（一）债权债务阶段

这个阶段就是从 1983 年到 1998 年十五年的时期，也就是第一轮农村家庭联产承包责任制时期。在这个阶段农地流转的实质是家庭联产承包经营权的流转。在实践中在这个阶段一般把家庭联产承包经营权看成是债权，因此，这个阶段又被称作债权债务阶段。债权人为村集体经济组织，也就是承包地的发包人。而债务人是家庭联产承包责任制的农户，这是由债权人主导的农地的阶段。这个阶段又分两个小阶段：

1. 严格控制农地流转阶段。在这个阶段债权人——村集体经济组织为了保障土地的粮食生产功能，完成国家的粮食供应计划，在实践中原原本本地落实国家的法律和政策规定，严格控制农地流转。1984 年中共中央 1 号文件首次提出农村土地流转问题。但是农村土地流转是有极为严格的前提条件的：一是承包土地的集体经济组织成员——农户自身能力无法继续耕种；二是该农户脱离农业生产而改做经营其他行业的。有这两个条件之一的方可进行农地流转。

2. 法律政策宽松规范的阶段。虽然这个阶段还是债权债务阶段，但是到 1988 年修订的《土地管理法》允许农村土地流转不仅可以采取转包，也可以采取出租的方式进行，使农村土地流转开始走向宽松的轨道。1993 年中共中央发出了 11 号文件率先提出了农村土地流转可以采取在征得集体经济组织同意的前提下有偿转让的方式进行，使农村土地流转走上了更为宽松的道路。与此同时，与农村土地流转相关的法律法规的进一步完善使得农村土地流转更加规范。

（二）从债权债务到有益物权的过渡阶段

这个阶段是从 1998 年农村土地第二轮承包开始到 2007 年《中华人民共和国物权法》的颁布。这是从限制走向宽松的农地流转阶段，也是从不规范走向规范的阶段，同时还是从政策规定走向法制化的阶段。1998 年党的十五届三中全会对中国农村土地承包经营权做出了重大的调整：由家庭联产承包责任制调整为家庭承包制，成为我国农村土地第二轮承包期的起点。从此，农村土地流转进入了从债权债务到有益物权的过渡阶段。这个阶段是农村土地流转矛盾频繁的阶段，也是各种政策法律法规竞相出台的阶段。如 2002 年 8 月通过的、2003 年开始实施的《中华人民共和国农村土地承包法》对农村土地流转做出了明确的规定："除了转让需要发包方——集体经济组织同意外，其他形式的农村土地流转如转包、出租、互换不再需要集体经济组织的同意。"同时也出台了农村土地流转纠纷的解决办法，主要的途径是村委会进行调节、仲裁机构进行仲裁以及人民法院进行法律救济三种途径。这为农村土地流转的全面展开提供法律政策保障。与此同时，为了更加规范农村土地流转，农业主管部门——农业部依据《中华人民共和国农村土地承包法》出台了《农村土地承包经营权流转管理办法》，大大加快了农村土地流转的步伐。2007年10月1日正式施行的《中华人民共和国物权法》使农村土地流转全面走向了法制化、市场化、规范化的轨道。

（三）有益物权阶段

2007年10月1日正式施行的《中华人民共和国物权法》，把农村土地承包经营权定位为用益物权。因此这个阶段的农地流转被称作有益物权阶段。这个阶段的一个大的特征就是作为农村土地承包方——农户普遍认识到农村土地承包经营权作为排他性的财产权已经成为广大农民在农村除了房屋以外的最重要的财产。农民收入中的财产性收入，目前在广大农村主要是农村土地流转的收入。因此，这个阶段的农村土地流转的主动权主要掌握在广大农民手中。要不要进行农村土地流转、怎么进行农村土地流转都要农民说了算。关于这个问题中央发出多个文件做出了相应的规定。如2008年党的十七届三中全会就规定在农村土地流转中坚决不允许侵犯农民的土地财产权益。与此同时，相关保障农民农村土地流转的法律法规和政策也相继出台。2014年11月中共中央办公厅、国务院办公厅印发的《关于引导农村土地经营权有序流转发展农业适度规模经营的意见》明确提出土地流转和适度规模经营是发展现代农业的必由之路。2016年10月，中共中央办公厅、国务院办公厅印发的《关于完善农村土地所有权承包权经营权分置办法的意见》全面系统地阐述了农村土地集体所有权、土地承包权、土地经营权三权分置的理论，使得农村土地流转走向了更加宽阔的道路上，为全面决胜小康社会提供了坚实的农村土地制度保障。

由此可见，我国农地流转经历了债权债务阶段、从债权债务到有益物权的过渡阶段和有益物权阶段三个不同的相互关联的阶段。

也是农村土地流转从限制不规范到规范放开最终走向规范鼓励全面放开的新时代。而青岛市的农地流转就是在全国农地流转的大背景下进行的。

三、青岛市农地流转的作用

1. 提高了农业规模化经营水平

青岛市政府在农村土地承包经营权流转过程中建立起了市、区市、镇（街道）、村四级土地流转服务网络，鼓励农民以股份合作、委托流转等多种形式进行土地流转。而青岛市广大农村土地流转催生了新的农业生产方式，即新型农业生产经营主体即合作社、家庭农场、种养殖大户以及农业企业，形成了以资本技术投入为主的集约化经营，从而改变了传统的农业生产方式，即以农村家庭劳动投入为主的粗放经营，使农业生产由分散经营向规模经营发展。新型的农业生产经营主体形成的规模化经营得到了青岛市政府的专项资金支持。而青岛市政府专项资金的大力支持使得新型农业生产经营主体（主要是家庭农场、合作社、种养殖大户和农业企业）得到了快速发展。新型农业生产经营主体的快速发展使农业生产在短时间内走向了规模化的现代化的生产。目前，青岛市新型农业生产经营主体在100亩以上的规模经营占全市农业生产总量的60%以上，大大提高了农业规模化经营水平。如胶州国泰一个家庭农场经营的土地面积达到了1300多亩。青岛市农村土地承包经营权流转形成的规模化种植后统一播种优良品种、科学施加有机肥料，使得农产品产量质量快步上升。

2. 增加了农民的收入

青岛市农民收入2011年为12370元，2012年为13990元，2013年为15731元，2014年为17461元，呈现递增趋势。在实践中青岛市通过农村土地流转从而使农民收入得到增加的主要是三部分农民：

第一部分农民是流转出农村土地的农民。目前青岛市广大农民紧靠农村土地流转一项获得的稳定收入平均每亩在 1000 元，而且由于农地流转中介组织的介入使得农村土地流转收入呈现出稳定增加的趋势。第二部分农民是农村土地流转流入方的农民。他们是新型农业生产经营主体的主力军，新型农业生产经营主体主要是以家庭成员为主组建的家庭农场、各种性质的农民合作社和各种产业的种养殖大户。他们主要是靠把农民流转出来的土地形成的农业生产规模经营通过节约经营成本、采用新技术，从而提高农产品产量和质量等途径来增加农民收入。第三部分农民就是流转出土地的农民有的在流入土地的新型农业生产经营主体所办的家庭农场、合作社以及种养殖大户打工，从而获得的工资性收入。农民收入的增加与农村土地流转效益的提高有很大的关系。如平度麻兰镇东沙窝村的张书良从邻村近 20 户农民手里，以每亩每年 600 元的租金，租得 15 亩地，用于发展草莓大棚，一亩地能收入 1.6 万元，要是这些地种植传统的玉米、小麦和花生，每亩一年只能收入 1000 元左右。从青岛市的统计年鉴可以看出：2014 年农村居民财产性收入为 216 元，2015 年为 236 元，增长 9.3%。增长的大部分是农村土地流转的收入。[26]

3. 形成了专业的现代农业园区和专业的生产镇村

通过农村土地流转，目前胶州市已建成北关 6400 亩花卉基地、胶莱 2800 亩大白菜基地、胶北 500 亩葡萄大院等现代农业园区 10 余个。而平度市则根据各镇、村资源状况，通过农村土地流转，形成了一大批农业支柱产业和农业特色产业集群，涌现出了大泽山葡萄、马家沟芹菜、云山大樱桃、明村西瓜、旧店苹果、祝沟草莓、蓼兰许家桑蚕、南村姜家埠蔬菜等专业生产镇村 200 余个，为青岛市现代农业的大发展奠定了基础。

四、青岛市农地流转概况

近年来，青岛市政府就农村土地流转问题以及为农村土地流转搞好服务工作专门下发通知，因地制宜地推动了青岛市农村土地流转工作走上了以青岛市农地流转中介组织为媒介的市场化道路。

（一）农村土地流转服务体系基本建立

2009年，全市129个镇（街道）建立了农村土地承包经营权流转服务平台，设立了专门的服务场所，配备了专门的工作人员，设立了土地流转信息发布平台；建设开通了青岛市农村土地流转经营权流转信息服务网站；研制开发了青岛市农村土地承包经营权流转管理服务软件系统，并已投入运行使用。2012年以来，全市建立了市、区市、镇（街道）、村四级土地流转服务网络，鼓励农民以股份合作、委托流转等多种形式进行土地流转。

（二）青岛市政府强有力的政策支持农村土地流转

2011年青岛市政府下发的1号文件推出了完整的支持农村土地流转的政策组合。这个政策组合主要是四个方面：一是青岛市公共财政扶持政策。青岛市政府每年拿出专项资金用于支持新型农业生产经营主体，主要是家庭农场、合作社和种养殖大户。二是惠农项目支持政策。对新型农业生产经营主体，主要是家庭农场、合作社和种养殖大户，政府各有关涉农部门在项目上要给予大力支持。三是用地政策支持。对新型农业生产经营主体，主要是家庭农场、合作社和种养殖大户，在农业生产上的辅助用地，其中农产品晾晒场地、农产品库存用地以及农业生产道路用地都给予大力支持。四是金融信贷政策支持。在实践中青岛市政府建设起绿色金融通道，主要是为新型农业经营主体服务。具体表现在以下两个方面：一是在信贷方面要向新型农业生产经营主体，主要是家庭农场、合作社和种养殖大户倾斜；二是农业保险方面要重点为新型农业生产经营主体，主要是家庭农场、合作社和种养殖大户服务。在强有力的政策推动下，青岛市农村土地流转呈现出良好的态势。

（三）农村土地流转面积不断扩大

据农业部家庭承包经营耕地的统计数据显示，家庭承包经营耕

地流转面积，2007 年约为 6372 万亩，仅占家庭承包耕地总面积的
5.2%。2008 在党的十七届三中全会精神的指引下全国农村土地流转
呈现出快速发展的趋势。2008 年全国农村土地流转比例为 8.7%，
2012 年全国农村土地流转比例为 21.5%，到 2014 年年底，全国农村
土地流转比例为 30.4%。[27]而到 2015 年年底全国农村土地流转比例
为 33.3%。[28]目前，山东省农村土地流转比例为 27.3%，[29]与全国
平均水平有一定的差距。据统计，2009 年青岛市农村土地流转面积
达到 52.35 万亩，占耕地总面积的 6.74%。其中，流转土地面积 200
亩以上专业大户、家庭农场 53 家，流转土地 8.45 万亩，超过土地
流转面积的 1/7。2010 年青岛市土地流转面积达到 42.35 万亩，占耕
地总面积的 6.8%。全市百亩以上的经营主体已达 458 家，规模经营
土地 12.7 万亩。2011 年年底，青岛土地流转面积为 48.7 万亩，占
耕地总面积的 7.4%。2012 年年底，青岛市农村土地流转比例不及
全国平均水平，仅为 12%，到 2014 年上半年农村土地流转比例还只
是 18.6%，到 2015 年 12 月，土地流转总面积达到 177 万亩，就占
耕地总面积的 28%。而到 2016 年 8 月，农村土地流转比例就达到
37.8%，超过山东省的 27.3% 和全国平均水平的 33.3%，土地流转
面积呈不断扩大趋势。[30]2017 年农村土地流转再创佳绩，截止到 11
月青岛市农村土地流转面积达到 275 万亩（数据来源：央广网青岛
2017 年 11 月 23 日），农村土地流转比例就达到 45%，远远高于国
家和山东省的土地流转规模。其中的一个重要原因就是青岛市各级
政府在实践中培育了多种形式的农地流转中介组织。

（四）农村土地流转主体多样化、规模化

青岛市农村土地流转由于农地流转中介组织的介入使得农村土
地流转主体发生了由过去的农户之间的无法律保障的私下自发流转
变成了由农地流转中介组织为媒介的符合法律要求的市场化流转，
流转主体多样化。目前，据不完全统计，由政府举办的农村土地流

转服务中心、农村产权交易中心以及村集体经济组织主要是村委会作为农地流转中介组织推动的农村土地流转的比例在81%，已经成为青岛市农村土地流转最主要的农地流转中介组织。而通过农村土地股份合作社流转农村土地的比例为6.7%，其余的为其他形式的农村土地流转。

由此可见，政府举办的农村土地流转服务中心、农村产权交易中心以及村集体经济组织主要是村委会在农村土地流转中发挥了中介组织的作用，占总流转面积的79%，这是青岛市农村土地流转的一大亮点。

农村土地的规范流转有效地促进了新型农业经营主体的培育。青岛市政府积极推动农村土地向专业大户、家庭农场、农民合作社有序流转，发展多种形式的规模经营。2016年青岛市农民专业合作社达到7143家、社员28万户，百亩以上家庭农场达到716家，形成规模化经营，经营面积为29.2万亩。此外，在农村土地流转运行中，由科技户、种田能手或有一定经济实力的自然人，通过租赁和转包的方式受让农户流转出的土地，开展规模经营，取得了良好的经营效果。此外，农户家庭依法取得法人资格，通过土地流转，从事适度规模的农业生产、加工和销售的家庭农场模式也颇具特色。

（五）各区市农村土地流转比例不一

截至2016年10月，青岛市崂山区的流转土地面积为4000亩，土地承包总面积为31000亩，土地流转比例为12.9%。城阳区的流转土地面积为38000亩，土地承包总面积为70100亩，土地流转比例为54.2%。黄岛区的流转土地面积为295100亩，土地承包总面积为796300亩，土地流转比例为37%。即墨市的流转土地面积为364000亩，土地承包总面积为1027400亩，土地流转比例为35.4%。胶州市的流转土地面积为322300亩，土地承包总面积为717000亩，土地流转比例为44.95%。平度市的流转土地面积为920000亩，土地承包总面积为 2452800 亩，土地流转比例为 37.5%。莱西市的流转土地面积为 365200 亩，土地承包总面积为 1013200 亩，土地流转比例为 36%。

通过各区市土地流转面积同土地承包总面积的比例来看为城阳区最高为 54.2%，但是不具有典型性，因为不是农业主产区。其他依次为胶州市为 44.95%，平度市为 37.5%、黄岛区为 37%、莱西市 36%、即墨市 35.4%，最低的是崂山区为 12.9%。显示出青岛市农村土地流转的难度。

（六）流转形式多种并存

目前青岛市农村土地流转的形式主要有只能在村集体内部成员进行农村土地流转的转包、不受村集体内部成员条件限制的农村土地流转的出租、停止承包关系的农村土地流转转让、内部成员之间的互换以及以承包土地入股的和劳动参与的股份合作等形式。根据调查发现，出租和转包是青岛市农村土地流转的主要形式。

（七）农村土地的流转期限

青岛市农村土地流转期限由原来的短期限的流转变成多个期限并存的局面。根据调查和文献统计，目前青岛市农村土地流转期限主要有 10 年以上、10 年以下 5 年以上、5 年以下三个时间段。其中，第一个时间段的比例为 37%，第二个时间段比例为 33%，第三个时间段比例为 30%。由此可见，青岛市农村土地流转呈现出由原来的短期走向长期的趋势，这也是青岛市农村土地流转的一个值得注意的情况。

（八）农村土地流转的流向

目前，青岛市土地流转主要流向新型农业经营主体。这些新型农业经营主体主要是合作社、家庭农场、种养殖大户。根据调查和文献资料统计农村土地流转流向家庭农场的最多，所占比例为 39%。合作社为 33%，种养殖大户为 20%，其余为其他形式的农村土地流转。

（九）农村土地流转的用途

目前青岛市农村土地流转的用途主要是粮食作物和经济作物。其中，用于粮食作物种植117万亩，占流转总面积的51%；用于蔬菜种植55万亩，约占24%；用于林果种植33万亩，约占14%；油料作物和牲畜养殖等约占11%。

（十）农村土地流转价格

目前青岛市农村土地流转价格平均在1000元左右/亩，各区市之间差别较大（具体价格由土地流转双方协商确定），城阳流转价格平均3000元/亩，黄岛850元/亩，即墨980元/亩，胶州700元/亩，平度600元/亩，莱西800元/亩。

（十一）各区市农村土地流转情况汇总

表1　土地流转情况统计　　　　　单位：户、万亩

县（市、区）	土地流转情况							
	家庭承包经营面积	家庭承包经营农户数	流转总面积	按流转方式分（面积）				
				转包	出租	互换	股份合作	其他
崂山区	3.10	23782	0.40	0.15	0.15	0.01	0	0.11
城阳区	7.01	53710	3.80	1.88	1.64	0	0.08	0.20
黄岛区	79.63	169267	29.51	12.97	14.76	1.15	0.04	0.59
即墨市	102.74	217245	36.40	7.8	22.50	0.05	2.60	3.45
胶州市	71.70	155770	32.23	19.48	7.53	4.57	0.46	0.19
平度市	245.28	340399	92.00	55.46	28.67	1.78	5.49	0.60
莱西市	101.32	159555	36.52	23.85	8.78	1.58	2.12	0.19
合计	610.78	1119728	230.85	121.59	84.00	9.14	10.79	5.33

（数据来源：青岛政务网2016-11-17　　填报日期：2016年10月31日）

从此表可以看出农村土地流转总面积排在第一位的是平度市，依次为莱西市、即墨市、胶州市、黄岛区、城阳区、崂山区。青岛

市农村土地流转采取的主要方式是转包，依次为：出租、互换、股份合作以及其他方式。在转包中一个很重要的条件就是转包必须是在集体经济组织成员内部进行的。由此可见，青岛市的农地流转52.6%以上的是在本村内部进行交易的，而出租则可以对外进行交易，占农地流转的36.4%。互换也是在本集体经济组织内部进行占4%，股份合作占4.7%，其他占2.3%。在实践中通过什么途径来进行转包、出租、互换以及股份合作就成为农地流转是否有绩效以及绩效大小的关键所在，也是本书写作的目的。

表2 土地流转及规模经营情况统计

单位：个、万亩

县（市、区）	土地流转情况										
	按流转去向分（面积）					按流转后的用途分（面积）					
	流转入农户		流转入合作社	流转入企业	其他	粮食	蔬菜	林果	棉油	养殖	其他
	总面积	其中，流转入家庭农场									
崂山区	0.11	0.09	0.15	0.05	0.08	0.00	0.04	0.06	0.00	0.00	0.31
城阳区	0.54	0.30	0.12	0.23	0.33	0.15	0.90	0.10	0.00	0.00	0.00
黄岛区	12.62	3.64	3.99	11.23	1.67	9.66	3.39	9.99	0.35	0.63	5.48
即墨市	16.72	5.88	1.61	13.68	4.39	15.2	12.8	6.37	0.01	0.22	1.8
胶州市	150.00	4.18	3.04	5.25	4.51	12.85	13.09	4.10	0.21	0.33	1.65
平度市	66.33	43.50	18.47	2.86	4.34	57.10	16.50	8.40	3.00	5.00	2.00
莱西市	24.55	17.17	7.76	2.49	1.69	22.05	7.89	3.33	0.37	1.49	1.35
合　计	270.87	74.76	35.14	35.79	17.01	117.01	54.61	32.35	3.94	7.67	12.59

（数据来源：青岛政务网 2016-11-17）

从此表可以看出：土地流转去向主要是农户和家庭农场，依次为合作社、企业和其他。而用途主要是粮食生产排在第一位的，依次为蔬菜、林果、棉油和其他。青岛市的农地流转主要是在农户之间进行，这是最容易发生纠纷的人群，因为现在广大农村人与人之间的关系从表面上看起来仍然是熟人关系，但是实际上已经是半熟人关系，甚至有些地方的农村社会关系已经变成陌生关系。人们之间的利益关系已经逐步取代了血缘关系、亲情关系以及地缘关系，而业缘关系已经成为广大农村利益关系的重要载体，成为主导现代农村社会的主要关系。目前农村土地流转已经变成农村中最重要的业缘关系。因此采取何种形式来进行农地流转已经成为当前农村土地流转能否顺利进行的关键所在。

第六章 青岛市农地流转的制约因素分析

一、流转土地农户自身方面的制约

农村土地流转的主体按照法律的规定是农户。农户自身方面的制约因素主要包括以下几个方面：一是流转土地的农户对农村土地流转具有多重疑虑；二是农民接受教育的程度；三是农民家庭户数的制约；四是农户户主年龄对土地流转的制约；五是农民理性经济人的制约。

1. 农村土地流转中流转土地的农户具有多重疑虑

现行的土地承包法等相关法律法规都明确规定农户是土地的承包者，因此，土地流转的主体也是农户。在调查中我们发现很多农户认为在坚持农村土地集体所有权不变的情况下自己只是土地的暂时经营者、管理者，因此，在农村土地流转中存在种种疑虑：一是害怕失去农村土地承包经营权。在调查中多数农户认为流转出去的土地不在自己手中，政策一旦发生变化就会失去农村土地承包经营权，就会感觉生活没有依靠，产生不安全感。因此，在调查中我们发现这样一种现象：个别农户种地对他们来说并没有太大作用，如外出打工等，但是他们宁可抛荒，也不愿意进行流转。二是担心自己承包经营的土地征用时吃亏。农村土地流转后大多会产生四至不清问题。因为农村土地流转往往会形成规模经营，打破原土地承包的界限。而农村土地征用时又往往以实地丈量为准，农户怕土地征用时吃亏而不愿流转土地，宁肯给亲友代耕也不愿流转给专业户。三是顾虑农村土地流转引起不必要的经济利益纠纷。农村土地流转时间一长土地流转方就会与农村土地受让方产生经济利益纠纷，这是目前农村土地流转过程中农民最担心的地方。农民担心土地流转时间过长会影响土地承包权益，如土地征用时与土地受让方理不清关系等。因此，多数农民不大愿意对土地进行流转，或仅是口头短期流转，以便随时"控制"自有的承包地。在莱西市的一村庄调研中印证了上述的多重疑虑心理。该村不富裕，农业人口比重70%，外出打工人员很多，土地流转却很少，全村1600亩土地，只有32亩流转，比例为2%。这在平度市崔家集镇塔前曲家村的调研时候也得到了印证。该村有132户450人，耕地1200亩，流转土地48亩，土地流转比例为4%。原因很多，种种担心是主要原因。种种担心的实质是农民对土地承包经营权以及土地流转缺乏科学的认识。

2. 农户成员接受教育程度的制约

现有的土地承包是以1998年第二轮承包开始的，至今已有20年了。因此，农户成员接受教育的程度与对土地的依存性关系密切。在大量的村庄调查中发现农户成员接受教育程度越高对农村土地的依赖性就越低。接受教育程度越高的农户成员把握社会主义市场经济的能力就越强，就能够站在更高的角度来审视农村土地流转。因此，农户成员接受教育程度与农村土地流转成正比。根据问卷调查统计结果，本次调查中被调查对象中男女的比例为53:47，年龄分布在20～68岁。从被调查者的受教育情况中发现，在一共被调查的1500人中，30人为文盲，没有受过任何教育，占调查总数的2%；接受小学教育的人数为人450，占总数的30%；接受初中教育的人数为900人，占调查总数的60%，是调查对象中所占比例最高的人群；接受高中教育的人数为90人，占总数的6%；高中以上包括中专、大专及其以上的人数30，占调查总数的2%。这样的文化水平无法适应非农业就业的需要。由此可见，青岛市农民较低的文化水平不仅对农村经济发展产生极大影响，而且严重地制约了农户成员的非农就业，成为农村劳动力转移就业的瓶颈，从而直接影响了农村土地的流转。农村土地流转本身就能够导致流转出农村土地的广大农民在农村土地流转期内失去对农村土地的控制权，从而成为暂时的"失地农民"。广大农村目前大多数农村土地流转能采取的交易方式为市场化的货币交易，而且有些地方是用现金一次性买断农村土地流转期限内的使用权，并且没有处理好安置好农民流转出农村土地后的发展，从而使广大农民成为真正的失地农民。这些农民同城市市民相比，就业能力比较低，缺乏市场有效的竞争力，所以他们一旦转出农村土地以后就会失地失业，没有了生存的基本保障。正是因为这些农民接受教育比较低而导致的就业技能低以及市场竞争能力不足等各种主观因素，很大程度影响了广大农民的土地流转意愿。此外，真正务农农民较低的文化水平不能完全接受现代农业的规模经营、良种选择以及施肥标准的把握，更无法掌握用于耕种和收割的先进的现代机械设备，更没有能力管理扩大的耕作面积，从而也就没有转入土地的需求。没有需求就没有供给，导致农村土地流转停滞不前。这在经济相对落后的青岛市的一些县（市）区表现突出。在平度市的一村庄调查证实了这一结论。该村富裕程度中下水平，农业人口比重80%，大面积种植桃子。该村有1500亩土地，土地流转的45亩，流转比例为3%。土地流转影响因素很多，但是，该村大部分村民为初中以下文化水平，由此导致转出土地和转入土地都很少，反映了农户成员接受教育的程度对农村土地流转的影响。

3. 农户家庭人口数量的制约

作为第二轮承包为基点的农村土地流转与农户的家庭人口数量关系密切。在青岛市各个县（市）区的大量调查发现，随着农户家庭人口数量的上升，转出土地的农户比例呈下降趋势。在调查中发现，农户家庭人口为 2~3 人时，转出土地的农户比例为 70%，当农村家庭人口数为 3~4 人时，广大农民愿意流转出土地的比例下降为45%，明显地比人口数为 2~3 人的比例要低。而农村家庭人口数为 4~6 人时，广大农民愿意流转出土地的比例继续下降为 33%，当农村家庭人口数为 6 人以上转出土地比例为 20%。这说明家庭人口越少，更倾向于外出打工赚取更多的收入，导致土地转出率上升。在胶州市的一村庄调查时这种现象突出：该村属于农村的中等富裕程度，大多数村民以地为生，家庭人口数量较多，一般在 5 人以上，而人均耕地面积不多，所以土地流转很少，全村 1000 多亩土地，只有 40 亩土地流转，土地流转比例为 4%，这反映出家庭的人口数量对土地流转的影响。此外，附近有工厂，农民边打工边种地的兼业很多，反映该地区农民对土地的情感。

4. 农户户主年龄大小对农村土地流转的制约

家庭承包是以农户为单位的，因此，农村家庭承包户的户主年龄在调查中发现对农村土地流转有一定的制约。调查显示户主年龄在 65 岁以上，坚决不流转土地。当问及原因时，这些老农的回答基本一致，就是对土地有感情。

当承包户户主的年龄在 60~65 岁，调查显示他们当中有的人有流转土地的愿望，当问及原因时，他们当中有的认为自己还年轻，想把土地流转出去后打工，但是这个年龄段的农民大多数土地流转意愿不强。

当承包户户主的年龄在 50~60 岁，调查显示他们当中大多数人有流转土地的愿望，当问及原因时，他们当中大多数人认为自己身体还可以，自己还年轻，想把土地流转出去后打工。由此可见，这个年龄段的农民大多数土地流转意愿很强。

当承包户户主的年龄在 30 ~ 50 岁，调查显示他们当中只有极个别的农民不愿意流转土地，绝大多数农民迫切要求流转土地。当问及原因时，他们当中大多数人认为自己年富力强，正是挣钱养家的时候，单靠土地自身不行。由此可见，这个年龄段的农民绝大多数土地流转意愿很强。

当承包户户主的年龄在 30 岁以下，调查显示他们当中只有极个别的农民愿意种地，绝大多数农民不愿意种地。当问及原因时，他们当中绝大多数人认为自己应当到外边（城市）去发展，农村没有发展空间。土地对他们来说没有什么印象，这是典型的新生代农民工的理性思考心理。因此，他们对土地流转抱着无所谓的态度。

通过调查发现承包户户主年龄越大，土地流转意愿越不强烈。相反，户主年龄越小，对土地的感情越淡。户主年龄可以代表一个家庭从事农业活动的经验，年龄越大，其从事农业活动的经验越丰富，越善于经营土地。另外，年龄大的户主，其从事非农活动的可能性较小，对土地的依赖性较强，而且不容易接受新鲜的事物，恋土情结比较严重。45 岁以上的没有专业技能的农民向二、三产业转移就业难度更大。农民不得不重新回到他熟悉的土地上就业，尽管收入低下，但是有生活保障。

5. 农民理性经济人的制约

农民是理性的，也是最讲实惠的人群。追求物质利益是农民这一群体进行一切活动的出发点和归宿点。因此，在实际工作中一定要给广大农民以看得见的物质利益，才能调动这一群体的工作积极性。当前，在农村土地流转工作中进展缓慢。从我们随机对青岛市四个县级市和黄岛区各选一个村庄的实地调查中发现这些村庄农村土地流转最高的为 5%，有的村庄根本没有任何土地流转。农民对农村土地流转预期收入的期望对农村土地流转的进程存在一定影响。农村土地流转能够带来农村土地不流转更大的经济利益是农民在土地流转工作中作为理性经济人的追求目标。在进行实地调查中发现，尽管有的地方如青岛市城阳区目前只有 5 万多亩耕种土地，而农民有 10 多万，人均不到半亩，但是没有任何土地流转。究其原因绝大多数农民认为自己承包土地征用或占用后的补偿远远高于土地流转本身产生的收入。当我们问及先土地流转后补偿不行吗？大多数村民的回答是土地流转后被征用产生的补偿会引起争议。这种顾虑在城阳区夏庄街道太平庄村的调研时得到印证。该村人口 355 人，耕地 530 亩，没有土地流转。这是农民典型理性经济人的心理思考。在青岛市即墨区的调研得到印证。该村人均年收入 5000 元左右，农业人口比重 80%，有 1300 亩土地，没有土地流转，其原因是等着征地盖厂房，等待着土地被征用后的补偿。这反映出农民理性经济人的思维，这种理性经济人在 2006 年后国家全面取消农业税后得到更好的体现。全面取消农业税后农民不但不再缴纳农业税，还可以获得一定数量的农业补贴。这个补贴在山东省 2012 年小麦直接补贴和综合补贴提高到每亩 100 元。在莱西市牛溪埠镇中孟格庄的调查发现，全村近千亩土地几乎没有流转。农民的兼业现象突出，一边打工，一边种地。一个很重要的原因就是种地不仅没有负担还有补贴，不进行土地流转的根本目的就是要获得小麦直接补贴和综合补贴。因此，农民对农村土地预期的价值追求对农村土地流转的进程产生巨大的反作用。

二、农地流转程序不科学方面的制约

当前青岛市农村土地流转，除承包大户、农业企业、农业合作社外，多数是农户之间自发流转，以口头形式约定。即使有书面合同的，合同文本也不够规范，合同条款不完备，容易产生合同纠纷，使农村土地流转双方的权益得不到保障。少数村、组还出现将农户承包地全部收回，集体出租的"返租承包"违规现象。

在青岛市各区市的调查显示：农民往往是口头约定的方式在本集体经济组织成员之间进行农村土地流转。土地流转很不规范，有的是随便说一声，等遇到了土地流转利益纠纷时，往往又不承认自己的言语，给土地流转利益纠纷协调带来诸多不便。农民法律意识强的农民知道签订土地流转合同，但是，合同很不规范，如流转双方的权利义务不明确。

在即墨区广大农村的随机调查发现，在各个乡镇备案的农村土地流转签订书面流转合同的比例只有12.8%，绝大多数农村土地流转是在农户之间通过口头方式约定的。在该区一村庄的调查发现农民流转土地在饭桌上进行，土地流转非常随意。当问及流转户要回土地时，回答是什么时候要什么时候给，土地流转在这个村子显得很随便。

在农村土地流转中青岛市为了维护土地流转双方当事人合法权益，青岛市农业委员会在2007年已经将农村土地承包经营权流转合同示范性格式文本下发给各个地市，但是却没有得到有力的实施。截至目前，莱西市有25960户农户对所承包土地进行了不同形式的流转，签订流转合同12672份，合同签订率为48.8%。可见，在土地流转过程中，仍然是以农民私下流转的多，组织委托服务流转的少；通过口头协议约定的多，书面材料协议的少。"口头协议"进行农村土地流转在法律上虽然有效，但是在农村土地流转实践中很难履行土地流转双方的权利和义务，因为农民是小利益的追求者，惯称为小农，目光短浅，斤斤计较，很容易反悔，因此，"口头协议"这种规范程度很低的土地流转方式往往随着时间的推移就会失效，这直接影响了农村土地流转的进行。在莱西市村庄的调查发现，尽管农民之间进行土地流转也签订了书面协议，但是书面协议也不规范，如书面协议内容不易看懂。有的甚至是村委会出面帮助村民签订的，但是没有流转或流入土地农民的书面委托。该村有的农民虽然有正规土地流转合同，但是到乡镇政府进行土地流转的登记备案的很少，这不符合《中华人民共和国农村土地承包法》的规定。该法第三十八条规定："土地承包经营权采取互换、转让方式流转，当事人要求登记的，应当向县级以上地方人民政府申请登记"。而在实践中农村土地流转双方向县级以上地方人民政府申请登记的更是寥寥无几，这种规范程度不高的农村土地流转直接影响了土地资源的优化配置。

三、农地流转中介组织发展不充分方面的制约

农村土地流转信息的获取难度直接影响了农民流转土地的意愿。调查显示通过"双方相互认识"和"中间人介绍"这两种方式获得土地流转信息的占到了77%，通过专业化规范化的农村土地流转中介组织获得农村土地流转信息的比例只有8%，其他的渠道占15%。可见，农民获取流转信息的渠道比较缺乏，大大影响了农民流转的意愿。根据青岛市有关统计数据显示："在已发生的土地流转面积中，农民自发流转土地面积占32.45%，乡村集体统一组织的流转土地面积占63.75%，其他3.8%。"在胶州市一些村庄调查发现农村土地流转直接由农民自身进行非市场化运作流转的比例为36%，这说明一部分农民进行的农村土地流转还处于自发状态。在一部分村庄的调查发现，农村土地流转只在亲戚、朋友之间进行，这说明农村土地流转的空间不够开放。整个青岛市农村土地流转通过乡镇以及村委会流转的比例为70%，其他4%。这4%中只有为数不多的非正规的市场土地流转中介组织，说明青岛市的农村土地流转主要还是以乡村集体统一组织为主。青岛市某镇政府出面会同各村将有意愿并适合流转的土地，由村返租倒包后，汇总发包给能人大户经

营，解决大户想包包不到的问题。在一村庄，成功筹集到500多亩土地，作为有机蔬菜生产基地。镇政府作为中介机构替代中介组织进行土地流转隐患重重。尽管从表面上看，乡镇政府与集体经济组织作为中介机构，在交易中便于操作，但实际上乡镇政府与集体经济组织在其中充当了"裁判员"和"运动员"双重角色，土地流转往往因领导者的价值理念而失去应有的效率与公平，从而侵害农民的利益。《农民日报》2013年4月17日报道了青岛市黄岛区胜利村从2011年9月起，村委会把全村千余亩土地的承包者召集到村委会，经开发区领导"动员"后集体签订了土地流转委托书，把土地全部流转给了青岛隆耀置业有限公司。这是一起典型的由集体经济组织扮演农村土地流转中介组织角色的案例。其实，农村土地流转是农民在市场经济大潮中为获取各自利益而发生的私事，政府不应当介入农民的私事，由市场来进行调节运行。政府的职责是管理、服务和监管市场，完善市场主体。在目前的农村土地流转市场中缺少一个市场主体，那就是土地流转中介组织。由于我国市场经济理论滞后而导致的市场主体发育滞后，因此，有些市场主体，如中介组织，就需要政府的大力引导扶持，中介组织才能发展壮大，才能在市场经济运行中发挥其应有的作用。

在广大农村由于农村土地流转市场中介组织的缺位，在很大程度上导致了农村土地流转中供求双方信息不准确，从而使土地流转交易成本过高，严重影响了农村土地流转的进程。在平度市一村庄的调查得到印证。该村有596亩土地，只流转10亩，原因是土地流转缺乏中介组织，自己流转价格低，只有100~200元，而流转给亲戚一般不收费，或一年只给一点粮食，土地没有进入市场。青岛平度市新河镇城子西村有土地1350亩，人口560人，外出打工60多人，但无土地流转。该村属于平原地带，富裕程度一般。当问及土地流转时，村民的回答是不知道如何进行农村土地流转。由此可见，没有农民熟悉的具有专业特征的土地流转中介组织是影响青岛平度市新河镇城子西村农村土地流转的一个很重要的因素。在随机调查发现，青岛各地房产中介到处都是，但是真正做农村土地流转业务的中介寥寥无几。

四、农民非农领域就业方面的制约

农民非农领域就业方面的因素对青岛市农村土地流转的影响主要为农民进入非农领域就业的情况、农民非农领域就业稳定的情况、农民非农就业收入占整个家庭收入的比重情况三个方面。

1. 农民非农领域就业的制约

农民能够在非农领域就业并获得稳定的收入，农民才能真正地流转土地。人多地少是青岛市农业发展面临的一个突出问题。工业化、城镇化发展相对滞后于农村富余劳动力的增速，不能为农村大量剩余劳动力的充分就业提供空间，大部分农民维护基本生存权利都是通过获得土地的基本保障权利。农业富余劳动力不能有效转移和充分就业，直接减缓土地流转速度。

在调查中发现，45 岁以上的没有专业技能的农民向二、三产业转移就业难度更大。农民不得不重新回到他熟悉的土地上就业，尽管收入低下，但是有生活保障。如青岛平度市农村劳动力 70.53 万人，目前外出务工和外出打工与在家务农兼顾的人口为 17.26 万人，占劳动力人口总数的 24.5%；在村从事农村土地生产经营的劳动力为 49.97 万人，占劳动力总数的 70.1%。在从事农村土地生产经营的劳动力中，年龄在 45 岁以上的占 80% 以上。这部分劳动力，外出务工的年龄偏大，只好在家务农。这部分大龄劳动力转移不到其他行业，直接影响着农村土地的流转。

在青岛市一些不发达的村庄表现得尤为明显。这些地区由于历史的原因，工业化现代化城镇化进展缓慢，农业领域承载着大量的农民，土地对这些农民来说既是就业的场所，也是生存的保障。这些地区的广大农民自身知识技能储备不足，导致转移就业困难，无法在非农领域获得稳定的职业和收入，从而使农村土地流转进展缓慢。这在黄岛区的一村庄的调查中得到证实，该村农民富裕程度一般，农业人口比重99%，农村劳动力转移就业比例为4%，直接影响了农村土地流转。

2. 非农就业不稳定对农村土地流转的制约

非农就业是目前解决农民就业问题促进农村土地流转的一个重要途径。农民由于自身存在的非农就业方面的知识储备不足，如法律法规政策等，再加上农民自身的非农就业技能不高从而导致农民非农就业处于不稳定的局面。因此，农民在非农就业中断后，只能返回他们所熟悉的农村以及养育他们的土地，重操旧业，即农业生产。因此，这种非农就业不稳定给广大农民进行土地流转产生了严重的影响。

目前，随着经济社会的迅猛发展，大量农村劳动力转移到二、三产业和城镇就业。2016年，青岛市农村经济中非农产业比重已超过80%，一部分村庄在外稳定就业的劳动力甚至达到70%～80%。根据调查，大约90%以上的农民工没有放弃承包的土地，究其原因主要是农民工文化层次低，缺乏就业竞争力，而且出外打工的农民找到的非农职业往往具有周期性、季节性，因此，农民工的非农就业收入不稳定，土地依然是农民赖以生存的基本保障，很多农民不愿意放弃土地而进行土地流转。此外，农民就业岗位很不稳定，常常是季节性的打短工，农民就把土地作为就业的"退路"，在就业困难的时候，就回乡经营土地维持生计，广大农民非农就业不稳定直接影响了广大农村土地流转的进程。在莱西市牛溪埠镇中孟格庄的调查发现，该村没有任何土地流转服务。全村近千亩土地几乎没有流转。农民的兼业现象突出，一边打工，一边种地。非农就业不稳定是一个很重要的因素。

3. 非农收入在农民收入中所占比重的制约

非农收入主要是指工资性收入。从全国范围来看非农收入在2012 年超过了家庭承包经营的收入，所以 2012 年全国农村土地流转速度明显加快，2011 年年底，全国家庭承包耕地流转总面积为 2.28亿亩，截至 2012 年 12 月底，全国土地流转面积约 2.7 亿亩，占家庭承包耕地面积的 21.5%。这说明非农收入在农民收入中所占的比重同农村土地流转成正比例。

青岛市的情况也是如此。统计数字表明，目前青岛市农村劳动力非农就业超过 50%。2016 年青岛市农民人均纯收入 18945 元，工资比重最高。在农村居民收入构成中，工资性收入（非农收入）增长较快。2016 年，青岛市农村居民人均工资性收入 9383 元，增加668 元，增长达 18%，占纯收入比重达 46.4%，30 年来首次超过家庭经营纯收入比重，成农村居民收入最主要的来源。2016 年，青岛市外出农民工数量增长 3.3%；月工资水平为 2354 元，增长 12.6%。

在即墨区的一些村庄的调研发现，这些村庄村非农收入占整个农民收入的比重仅仅为 20%，绝大多数村民以土地为生，是典型的农业村，土地流转不到 6%。相反，村民们为了一点点土地的归属经常发生矛盾。这个情况在莱西市的一些村庄得到体现。有一个村庄是一个典型的山村，共有村民 2400 人。总面积 6500 亩，除 500 余亩可耕地外，其他全部为荒山。村民的非农收入占整个收入的比重不到 10%，因此，绝大多数农民是不愿意转出土地承包经营权。在胶州市的调查发现农民进入非农领域就业的比重越高，土地流转速度越快。在非农领域就业稳定性越强，土地流转比例就越大。农民非农经济收入占家庭总收入的比重越大，土地流转愿望就越强烈。在胶州市的调查发现农民非农收入占家庭总收入的比重为 25% 以下的时候，农民根本不考虑土地流转问题。当农民非农收入占家庭总收入的比重为 25% ~35% 的时候，农民有一点点土地流转意愿。当农民非农收入占家庭总收入的比重为 35% ~55% 的时候，农民开始有土地流转意愿。当农民非农收入占家庭总收入的比重为 55% ~75% 的时候，农民有较强烈的土地流转意愿。当农民非农收入占家庭总收入的比重为 75% ~95% 的时候，农民非常迫切地进行土地流转。因此，在农村土地流转工作中一定要把农民的非农收入在其整个收入中的比重情况要了解很真实，这样才有利于农村土地流转工作的顺利进行。

五、农村社会保障不充实方面的制约

目前，山东省农村社会保障的情况根据 2012 年山东省国民经济和社会发展统计公报显示："有 99.9% 的农民参加了新农合，农村最低生活保障标准为 2214 元，住院医疗报销比例在 75% 以上。"应该是山东省的农村社会保障工作做得还是不错的。既然山东省农村社会保障工作做得这么好，为什么农村社会保障在农村土地流转的实地访谈中会成为影响青岛市农村土地流转的主要因素？具体分析如下：

目前，山东省农民的养老保障主要有 55 元的基础养老金以及农民参加的各种养老保险。55 元基础养老金的获得是需要具备两个条件的：一个是年满 60 岁；二是具有农村户口。这两个条件对于把土地完全流转出去的已经获得城市户口的农民来说不能享受，而这些农民在完全流转出土地之前没有参加城市的养老保险，这就出现了一个问题：这些完全流转出土地而且获得城市户口的农民养老问题怎么办？如果解决不了这些农民的养老问题，对农村土地流转的推进会产生极大的副作用。再来看农民参加的各种养老保险。在莱西市日庄镇瓦庄村的调研时，通过对农民的实地访谈，发现其新型农村养老保险保率比较高，该村几乎家家户户都参加了新型农村养老

保险，但是由于缴费基数低，到时候农民可以领取的养老金不足以抵御各种养老风险。与此同时，新农合很难解决农民的看病问题。在青岛市另外一些村庄的调查中发现参加新农合的住院报销比例为55%，而且住院费用非常高。按照老百姓的话来说，住不住医院费用差距不大。有的地方，如青岛市的一家医院，费用更高，而且收取住院押金，一旦押金不够，就停止给患者用药。这不仅不符合新农合的规定，也违背中央省市的有关农民看病住院的规定，从而使新农合作为农民的医疗保障流于形式。在农村最低生活保障方面，也无法保障农民的最低生活需求。根据国家有关部门统计："截至2013年1月，城市最低生活保障支出水平为249元/人·月，农村最低生活保障支出水平为118元/人·月，其城乡差距也是在两倍以上。"由此可见，广大农民主要还得依靠家庭保障而缺乏有效的社会保障。农村的社会保障体系极不完善，农民用于看病、养老、孩子上学等各个方面的家庭支出在山东省一些村庄中特别是中西部不发达地区，指望不上务农所得，主要还是依靠承包经营土地的收入。因此，尽管广大农民所承包经营的土地的收入不很高，但是为了全家基本的生活保障，大多数农民宁愿选择继续耕种土地，从而使农村土地流转缓慢。在莱西市一村庄进行了实地访谈。该村拥有1480亩土地，流转比例仅为1.7%左右，尽管外出打工30%，而且该村地形为丘陵地带，每户平均年收入11300元，说明该村不富裕。越是不富裕的村庄，农民对土地的生活保障越渴求。在调查中，当问及不流转的原因时候，大多数的村民回答就是社会保障不足造成，也就是我们说的农村社会保障不完善。在莱西市日庄镇瓦庄村的调研证明了这一点，这个村有609户2130人，耕地5450亩，而耕地30亩的只有4户，这30亩仅仅是亲戚暂时让渡的，没有流转协议和合同。该村也没有合作社和家庭农场。当问及没有流转的影响因素时，回答的最多的是社会保障不完善。这在平度市祝沟镇大洪埠村、黄岛区张家楼镇东碾头村以及黄岛区王台镇北马连村得到了同样的答案。胶州一村庄是一个典型的山村,共有村民400人,总面积500亩,除200余亩可耕地外,其他全部为荒山,土地作为保障的功能很突出。由此可见,没有完整的社会保障,农民是不愿意转出土地承包经营权。特别是当前城市不能为进城务工农民提供住房、就业、医疗等各方面保障,农民只能将土地作为最后的生活保障。这在平度市一些经济不是很发达的村庄表现得更加突出。如一村庄,富裕程度:一般;农业人口比重99%。即墨区一村庄,富裕程度:人均年收入4000左右,一般富裕;农业人口比重85%。黄岛区一村庄,富裕程度:人均年收入5000左右,一般富裕;农业人口比重80%。莱西市一村庄,富裕程度:人均年收入4000左右,一般富裕;农业人口比重80%。这些村庄在社会保障不健全的情况下农民没有流转土地的愿望。

六、农村土地流转服务不完美方面的制约

虽然有农村土地流转服务体系,但是农村土地流转服务不完善,往往是想出让土地的不能及时找到受让方,具有一定实力的种植大户、农业企业很难同分散的一家一户洽谈合作,这是目前土地流转规模小、速度慢的主要原因。农村土地流转服务不配套严重影响了农村土地流转的进程。在胶州一村庄的调查发现,该村富裕程度为中下。农业人口比重75%,外出打工人员增多,部分老人膝下无子,但是农民所承包的土地流转却很少。同样在莱西市一村庄的调查也是如此,该村富裕程度也为中下,农业人口比重80%,该村大面积种植桃子,但是土地流转比例很低,为3%。而在黄岛区一村庄的调查显示,该村富裕程度为中,农业人口比重85%,该村人均土地很少,村周围工厂很多,愿意打工的人也很多,但是土地流转并不多。在这些村的调查发现,有的全村土地几乎没有流转,导致农民的兼

业现象突出，一边打工，一边种地。当问及没有土地流转原因时候，很多村民回答为没有得到相应的农村土地流转服务。

七、农村土地承包经营权交易市场不完善方面的制约

目前，在青岛市各个县（市）区都有一些土地承包经营权交易市场，但是这些市场不完善，严重影响了农村土地流转的进程。具体表现在以下几个方面：

一是土地承包经营权流转市场自身建设不完善，大部分是零散的，不统一的，导致农村土地流转信息不对称，直接影响了农村土地流转的进程。如在胶州市的一村庄进行的调查印证了这一点，该村拥有900亩土地，没有土地流转。人口500人，外出打工80多人，属于丘陵，不富裕。

二是村委会充当农地流转中介组织没能发挥出中介组织的应有的作用。许多地方村委会总是以农村土地所有者的身份参与农村土地流转，而不是以农地流转中介组织的身份参与农地流转。个别地方村委会为了取得政绩，越过农民进行土地流转。如2013年4月17日《农民日报》以"没有土地的村庄"为题，整版报道了青岛市黄岛区胜利村农民土地承包经营权经开发区领导"动员"后集体签订了土地流转委托书，全村近千余亩土地被全部流转给了青岛隆耀置业有限公司。这是一起典型的由集体经济组织扮演农村土地流转中介组织角色的案例。这说明该村委会没有考虑到农村土地承包经营权交易的市场规则，产生了诸多的利益纠纷。

三是一些地方政府特别是乡镇政府对农村土地流转市场放任自流，丧失监管职责，特别是一些地方政府的涉及农村土地的职能部门只负责农村土地用途的规划审批，而对农村土地流转供给与需求双发在土地流转后的情况缺乏备案、登记，从而没有履行土地流转的监督功能，导致农村土地流转无序流转，不规范流转。如平度市

一村庄农村土地流转基本上由农民自己自发进行的，流转出土地的农民主要是外出务工人员，尤其是夫妻双双都外出或者全家外出务工的，就把自己承包经营的土地给村里其他人了，由于是熟人关系原因，大多数土地流转未签订正规的书面合同，造成了农村土地流转市场的混乱。

第七章　青岛市农地流转中介组织发展情况

青岛市作为中国改革开放的沿海大市，在农村土地流转催生的农业规模化经营中培育了多种类型的农地流转中介组织，有力地推动了青岛市现代化农业的快速发展。剖析各类农地流转中介组织的运行概况，是对其进行综合绩效评价的前提。

一、交易成本是农地流转中介组织产生的关键所在

从目前的农地流转中介组织的理论研究与实践运行来看，农地流转中介组织的产生是与农村土地流转中滋生出交易成本有着直接关联。现代市场经济的运行表明现实市场交易主体中的交易成本表现为零的情况是根本不存在的，特别是在农村土地流转中交易成本呈现出越来越高的情况下更是不存在的。分析其原因主要是以下两个方面：一是农村土地流转方与需求方之间的交易过程中的谈判成本，这主要是由于交易双方信息不对称造成的；二是双方谈判成功后交易合同履行所需要的监督成本。无论是谈判成本还是监督成本目前对我国农村单个农户来说都是无法承担的，特别是农村土地流转交易程序越复杂，交易成本就越高，交易成功的可能性就越低，这就需独立于农村土地流转交易双方拥有专业的农地流转中介组织来承担这一任务，由此，农地流转中介组织顺应时代要求就产生了。

二、有无农地流转中介组织参与的农村土地流转简单比较

（一）直接交易的没有农地流转中介组织参与的土地流转

农村土地流转中农村土地出让方与流入方进行的直接的双边交易是农村土地流转中没有农地流转中介组织参与的最主要的特点，也就是没有媒介，没有桥梁，是众多的小农户之间直接面对面的交易以及小农户与企业、公司之间的面对面的交易。农村土地出让方与受让方在没有农地流转中介组织参与的情况下进行直接双边交易使得农村土地流转导致三个不良后果：

1. 农村土地流转收入低下。农村土地出让方与农村土地受让方直接进行交易，这样导致农村土地流转的收入比较低。其原因有两个：一是农村土地出让方与农村土地受让方往往是同一村庄的人或者说熟人，熟人之间是无法进行讨价要价的；二是不是熟人而是外来人员或相关企业公司等，此时单个农户由于自身素质方面导致谈判能力低下从而使得农村土地流转收入往往比较低下。而土地受让方一般都是有着经营农村土地丰富经验的新型农业经营主体，如家庭农场、合作社、种养殖大户，还有就是一些涉农的公司和企业。他们有着丰富的农村土地流转费用谈判经验，往往给予农村土地出让方的费用比较低下。

2. 农村土地流转交易费用比较高，从而增加了农村土地流转的难度。农村土地出让方与受让方在没有农地流转中介组织参与的情况下进行直接双边交易成本比较高。因为农村土地受让方要与每个农村土地出让方打交道从而导致农村土地流转交易费用居高不下。如图 1 所示：

```
土地出让方 ——————— 土地受让方
  农户 ——————— 农户
  农户 ——————— 家庭农场
  农户 ——————— 合作社
  农户 ——————— 涉农企业
```

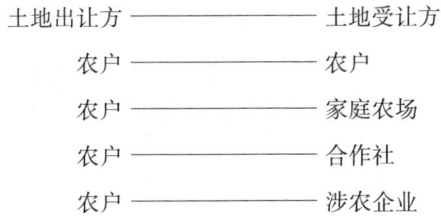

图1　没有农地流转中介组织参与的土地流转示意图

3. 农村土地流转纠纷不断。胶东一村庄老李和老刘因承包地转让导致两家关系紧张。其争议的根本点在于老李说是把承包地给老刘种，而老刘则理解是老李把承包地给他，双方争执不下导致两家关系紧张。近几年，老李知道国家出台了很多的惠农政策后，决定找本村老刘要回自己的 2 亩承包地。几年前，老李外出打工挣钱，他就把自己的承包地让本村的老刘种。他找到老刘要要回自己的承包地，而老刘则说当初老李把承包地给了自己，而不是替他种。因此，老刘拒绝把承包地还给老李。双方为此大打出手，双方关系异常紧张。在胶东给他和给他种一字之差，大相径庭。给他是转让，给他种就是替他种也就是转包。而转包与转让有着本质区别，在现行的法律法规中转包只是发生经营权转移，承包权不发生变化，而转让则是经营权不但发生转移，承包权也发生了转移。由此可见，没有农地流转中介组织参与下的农户面对面直接的农村土地流转纠纷不断。

（二）有农地流转中介组织参与的土地流转

作为农村土地流转的桥梁，即第三方也就是农地流转中介组织参与农村土地流转能够促使农村土地流转的顺利进行。从现实来看，在某些地方，农地流转中介组织之所以能成为土地流转的第三方，是由农地流转中介组织在农村土地流转需求方和供给方中所发挥的作用决定的。在青岛市广大农村调研发现农村土地流转双方需要农地流转中介组织来促成交易是基于以下几个方面的考虑：

1. 农地流转中介组织具有较强的谈判能力

在没有农地流转中介组织介入的农村土地流转实践中农户的土地流转收入是比较低的，一个很重要的原因就是农户作为农村土地出让方面对专业的农村土地流入方谈判能力比较低，从而使得农村土地流转收入低下。而专业化的农地流转中介组织谈判能力比较高，这一点不用进行专门的论述，因为中介组织的强项就是具有较高的谈判能力，而且是专业化的谈判能力。

2. 农地流转中介组织具有公正的无自己利益的协调能力

农地流转中介组织能够协调农户自身不能协调因土地形成规模的流转。这是因为农户大多数都是理性的经济人，基本上都是利己的看重眼前利益的人群。因此，在农村土地流转实践中农户们往往为了自己的一点私利是不会让其他人谋利的，如在农村土地流转实践中经常出现的所谓的"钉子户"就是这种心态，即我得不到的也不能让你得到。而农地流转中介组织本身与农村土地流转的农户们之间没有利益之争，能够站在一个公正的立场上进行积极协调，特别是对待所谓的"钉子户"更是有自己的一套工作方式方法，而具有利益之争的农村土地流转农户们自身是无法进行协调的，这一点在实践中得到了印证。

3. 农地流转中介组织具有较强的事后监督能力

农地流转中介组织能够为农村土地流转双方的既得利益提供监督保障，不偏袒任何一方。这是农地流转中介组织的基本职业准则。因此，农地流转中介组织参与农村土地流转就能够防止一些农户由于眼前利益（主要是土地租金的上涨）而发生的违约给农村土地流转流入方造成巨大损失事件的发生。在平度市的一些村庄的调研中发现由于国家强有力的惠农政策的全面实施大大激发了广大人民群众从事农业生产的积极性，社会各层人士纷纷加入到现代农业生产领域，导致一些村庄的土地租金上涨。一些直接流转土地的农户纷纷上涨土地租金，上涨幅度从 600 元到 1000 元不等，一些地块较好的土地租金上涨到 1500 元。这给土地流入方的经营带来巨大的压力。面对强势的当地农户，这些土地流入方则成了弱者。一些强势的当地农户撕毁合同，收回承包地，致使部分土地流入方的经营者损失惨重。这是因为没有农地流转中介组织参与造成的。因此，农地流转中介组织参与农村土地流转能够站在公正的立场上取得农户和土地流入方的信任。在实践中正是对农地流转中介组织的信任鼓励农户承担农村土地流转的某种风险，如地租上涨的风险。同时，农地流转中介组织介入的农村土地流转能够监督土地流入方租金的及时给付。如图 2 所示：

土地出让方 ———— 农地流转中介组织 ———— 土地受让方

农户 ———— 农地流转中介组织 ———— 农户

农户 ———— 农地流转中介组织 ———— 家庭农场

农户 ———— 农地流转中介组织 ———— 合作社

农户 ———— 农地流转中介组织 ———— 涉农企业

图 2　有农地流转中介组织参与的农村土地流转市场交易情形

三、青岛市农地流转中介组织运行情况

2005 年 3 月 1 日起正式施行的《农村土地承包经营权流转管理办法》第三十条明确规定："从事农村土地承包经营权流转服务的中介组织应当向县级以上地方人民政府农业行政（或农村经营管理）主管部门备案并接受其指导，依照法律和有关规定提供流转中介服务。"[3] 从这个管理办法可以看出农地流转已经开始走向以中介组织为媒介的契约流转，标志着农地流转从农户私下的无序流转走上了法制化市场化的规范流转道路。但目前在青岛市基本上没有像完全市场化的房屋中介组织那样普遍存在的农地流转中介组织，这说明土地流转本身就是一项技术难度很高的产权交易，它涉及所有者、承包者、经营者、管理者、监督者五方面的利益，因此不能完全交

给市场。据此，青岛市在推动农地流转的过程中，培育了多种形式的农地流转中介组织。本书主要研究以下三类农地流转中介组织的运行：

1. 作为农村最主要的农地流转中介组织——村委会的运行状况

目前，在青岛市很多农村基本上都是由村委会代替村集体组织来进行农村土地流转，原因就在于青岛市大部分农村（60%以上）都没有集体经济。因此，本书就把集体经济组织换成村委会充当农地流转中介组织能更加直接体现出村委会的新功能、新角色，也是本书的一大研究创新成果。

在青岛市的平度市、即墨市、黄岛区以及莱西市的调研中发现有农村土地需求的新型农业经营主体，主要是家庭农场、合作社和种养殖大户以及一些公司和企业，到村庄后首先打交道的就是村委会。他们通过各种途径与村委会取得联系，把自己对农村土地的需求信息，如面积、位置、价格、付费方式等通报给村委会。村委会经过梳理后在第一时间内通过最简单的方式，即村里的广播把农村土地需求信息通报给农户，由农户们自己决定是否出租自己的承包地。如果有意愿，就到村委会登记备案。村委会把登记备案的土地出租信息经过整理后通报给农村土地需求方，然后创造机会让双方签订土地流转协议，完成农村土地流转过程。在这个农村土地流转过程中村委会扮演的角色是普通的中介人。

在调查中还发现，村委会还扮演着一种全能型农地流转中介组织角色。这一角色的运行机理如下：农户把农村土地流转的各种事宜完全交给村委会，由村委会与农村土地需求方进行谈判，签订农村土地流转协议，并监督农村土地流转协议的执行，向农村土地流入方索取农村土地流转费用并及时全额给付流转出农村土地的农户，成为农户们的全能型的农村土地流转中介人，而农户则成了农村土地流转中的"闲人"。

农民是典型的理性经济人。在调查中得知广大农户为什么选择村委会作为农地流转中介组织的主要原因如下:一是村委会无利益可图,经村委会之手的农村土地流转收入——土地租金全部返还给农户,没有自己的私利;二是村委会组成人员与农户非常熟悉,相互信赖;三是村委会能够对农村土地承租方进行有效的监督,从而就可以防止农村土地承租方随意掠夺式使用土地,因为租期是有限的,如租期为5年,5年后土地要返给农民,就需要对农村土地承租方的土地用途和实际利用进行有效监督。这项工作单靠农户自身是无法完成监督任务的。

2. 政府成立的镇农村土地流转服务中心

镇农村土地流转服务中心成立的目的就是让镇下属的所有村庄的农村土地的流入方和流出方有一个信息交换平台,该中心负责提供农村土地流转供求信息,及时掌握镇下属的所有村庄农户农村土地流转的意愿,并指导镇下属的所有村庄农户依法科学签订农村土地流转合同,从而加快推进镇下属的所有村庄农村土地流转的步伐。在胶州市胶北镇土地流转服务中心调研时,发现该农村土地流转服务中心大型电子显示屏上正在播放镇下属村庄农村土地流出方的所有信息:村庄的名称、土地流出方姓名、流出方土地亩数、流出方土地位置、流出方土地价格等。该镇农村土地流转服务中心负责人介绍了该中心的工作流程如下:有意愿流出农村土地的本镇村村民须将《土地使用权委托流转申请书》填写完整后,送到本村里的农村土地流转服务站,由该村农村土地流转服务站汇集后报送镇农村土地流转服务中心,统一审核后输入镇农村土地流转交易服务大厅中的电子显示屏幕上,并滚动播放。对农村土地流转需求方进行详细的介绍,并解答疑难问题,及时促成农村土地流转交易。目前,该中心已经累计流转农村土地2300亩,规范土地流转合同850份。通过土地流转该镇已初步形成沿十米河两岸的高效瓜果蔬菜基地;

沿墨水河两岸的蜜桃、红提葡萄、大棚西红柿基地；以东赵村土地股份合作社为主的蔬菜基地，以新阳生态农业观光园为主的都市休闲旅游观光。如今在胶州市胶北镇，通过镇农村土地流转服务中心流转土地，不仅推动了农村土地家庭农场、合作社、种养殖大户的规模化经营，还改变了传统的粗放式耕作方法，有效提高了农业产业化水平，促进了农业增收、农民致富和农村发展。

3. 青岛市农村产权交易中心的运作状况

农村产权交易中心提供多种产权的交易服务，包括专利权、林权、土地经营权等的交易，其中农户家庭在青岛市农村产权交易中心办理农村土地流转交易可以免收交易服务费，但是其他主体进入青岛市农村产权交易中心交易产权，应该按照规定缴纳一定的费用。在办理产权交易的过程中，主要涉及以下 7 个环节：受理转让申请——资格审核——信息发布——登记受让意向——组织交易——资金结算——交易签证。

平度市农村产权交易中心是经平度市人民政府批准依法设立，为平度市农村各类产权流转交易提供场所、设施、发布信息的非营利事业性机构。

为搞好农村产权交易工作，在市农村经济管理局增设农村产权交易管理科，负责农村产权交易的管理和交易行为的实施，在市民服务中心 B 区二楼建立农村产权交易大厅，设置"交易咨询"、"申请受理"、"资格审查"、"资产评估"、"抵押登记"五个业务办理窗口。各镇（街道）以便民服务中心为依托积极开展工作。各村配备农村产权交易信息员，负责流转信息的统计上报，做到了市、镇（街道）、村三级配套、一站式服务。流转交易完成后，各镇（街道）对合同履约情况适时进行属地化监控，防止违法行为的发生。

为实现农村产权网上发布、交易，全市开通了市、镇（街道）共享的电子竞价、交易规则、资料下载、确权颁证、抵押融资等 10

个网页。交易品种主要包括：农户承包土地经营权、林权、"四荒"使用权、农村集体经营性资产、农业生产设施设备、小型水利设施使用权、农业类知识产权、集体资产采购、集体工程招投标以及其他项目。

农村产权交易中心作为平度市产权交易市场的载体，坚持依法、自愿、有偿、公开、公平、公正的原则，规范有序地培育和建设平度市农村产权交易市场。

此外，为了加快推进农村土地流转的步伐，青岛市政府在 2011 年 1 月 26 日公布了《关于加快推进农村土地适度规模经营的意见》。这个《意见》指出："从 2011 年开始青岛市政府将对农村土地流转实施市财政支持，青岛市将在符合条件的城镇组建土地银行。"[31] 目前，根据调研情况和农村土地流转的实践来看，土地银行在青岛市并没有完全推开，所以本书的农地流转中介组织只研究村集体经济组织（村委会）、土地流转服务中心、青岛市农村产权交易中心等在青岛市盛行的三种不同的农地流转中介组织。

小结：无论是村委会还是政府成立的土地流转服务中心以及市场化的青岛市农村产权交易中心，其基本职责就是为有出租承包地意愿的广大农户提供专业化服务，同时也为有土地需求的新型农业经营主体，主要是家庭农场、合作社、种养殖大户以及一些公司和企业提供科学化服务。其目的是加快推进农村土地流转的步伐，从而促使农业生产由家庭的分散的粗放的小块经营走向规模化的产业化的现代化的集约经营。

四、青岛市农地流转中介组织相关调研情况

（一）村委会作为农地流转中介组织典型村庄的调研

1. 即墨市金口镇金口村农地流转调研

为了全面准确地了解和掌握农村土地流转所涉及的诸多问题，

笔者于 2017 年 1 月 14 日，前往即墨金口村进行关于农村土地流转等方面的问题调研，因为该村在目前的即墨市农村土地流转形势下较有典型的意义。即墨市金口村位于即墨的最北端，该村共有土地 330 亩，人口 623 人。因此地有明清建筑几十处而且中国仅有的两座天后宫有一座位于此处，所以金山公司在此开发金口发展旅游业，因此，农村土地的使用处理即土地流转就成为该村村委会的日常事务。目前金口村的土地流转处理情况主要有以下几种情况：

（1）村民之间的土地互转。该村人多地少地块分散，根据现场实际观察许多农户所持有的土地面积相当于私家的菜园，面积非常小。因此村民之间进行土地流转频繁，相对于正常的土地甲乙方流转所需要签订的合同，该村村民之间进行土地流转的合同即是口头无任何书面形式，而且流转的费用很低。需要土地的甲方需要向被租赁拥有土地的方乙支付每年 100 元的流转费用。发生此种情况的原因是，农村是熟人社会，在人情和道德的约束下即可达到此前的书面合同的约束效力。通过这种方式所进行的土地流转的土地使用一般为村民自种，得到的粮食作物一般自食。

（2）村民与金山旅游公司的土地流转。土地的价值在不同人的眼中是不同的，金山旅游公司依托这里的古建筑潜在巨大的商业价值，因此大规模向该地的农村进行土地的征用流转。金山公司与土地的持有者签订合同，对征用的土地的农民予以每年 1000 斤小麦的补偿或者是现金 1200 元，现金是与当年的小麦价格直接对接的。

（3）政府与村民之间的土地流转。与金山旅游公司同村民之间的土地流转类似，所不同的是征用后的土地使用情况不同，政府征用农民的土地一般用于基础设施建设。同样，政府是给予农户每年 1000 斤小麦的补偿或者与当年的小麦价格直接对接的现金。

在该村土地流转过程中该村的村委会发挥着中间人的作用。对于小面积的分散地块：像是金山旅游公司征用农民的土地，一般由公司负责人与村委会协商指出想要征用的土地，然后由村委会将各个农户分别叫到村委，现场由农户与公司负责人进行协商，村委会收取征地者的钱，一般为一下子付清租期内的费用，该村的土地个人持有时间到 2029 年。

对于大面积的土地：一般由政府出面调解不同的散户，尽量做到平均，所谓的平均是各户之间的补偿情况不宜相差过大。在这里土地确权证是关键，村委会依然只是中间人，是否答应土地流转的决定权依然在农户自己手中。

对于费用的结算为对征地者按百分百整亩结算，但是由于地块之间存在沟堑，村委会将沟堑的大小丈量后减去的部分归入村集体，剩下的给农户。形式一般为政府与村委结算，然后村委与村民结算。支付的形式是钱先打到镇政府经管站，最后村委会上报农户的银行卡号核实，最后打到各户银行卡，不再是由村委会上报核实去经管站提钱后挨家挨户发放。

此村土地流转前后的收入差距。不同方式的土地流转方式所得到的收入差距是很大，最主要的原因是该村地块太过分散，并不是所有的土地都会被政府和公司征用。在土地流转前（指与政府和旅游公司间的流转）村民的土地自种，据村民介绍去年一亩土地的成本为 26 元（种子）＋80 元（耕地）＋60 元（收割）＋20 元（运回家）＋160 元（肥料）＝346 元，而一亩产 500 斤小麦，当时小麦价格是 1.18 元左右，收入是 590 元。所以土地流转前的农民对于土地的使用是自家种植自己吃。在该村与公司发生土地流转活动后村民不仅能得到每年 1000 斤麦子的补助而且有不少的村民到金山旅游公司工作也能得到上千元的收入。

该村进行土地合作经营进行农业生产活动的可能性很低，原因在于地块过于分散而且土地的肥力不同农户不愿意合作经营。根据现场观察该村剩余未被征用的土地，似乎可以进行适当的土地平整将分散的地块进行连接，但是该村村委没有钱进行平整，去年只有 6000～7000 元的办公费用根本无力进行，只能听之任之。100 亩有老百姓 80 亩，其余的 20 亩是村委会的收入，因为有沟和路。

2. 莱西市沽河街道西杨格庄村农地流转调研

该村拥有土地 2800 亩，人口 450 户，1230 人。目前，该村的农地流转主要通过村集体返租农户的承包土地，然后再通过村集体流转给种植大户。目前通过村委会流转土地 300 亩，占承包地的 10.7%，流转主要是以村委会为中介进行的。合同是一年一签，租金为 800 元/亩，其中 200 亩为种植大户胡萝卜，引进日本品种进行规模化种植。

其经济效益如下：每亩产量 10000 斤，价格为 2 元左右，除了成本外该种植大户每亩纯收入为 10000 元。而流转出土地的农户则获得土地租金的收入。

社会效益：安排就业，即村委会帮忙安排流转出土地的农户到该村种植大户处打工以获取工资性收入。

生态效益：优化生态环境，减少化肥农药使用量。村委会全程监督该村种植大户农药化肥的使用量，以确保该村的生态环境不被破坏。

3. 莱西市牛溪埠镇牛溪埠村农地流转调研

农村土地流转流程为拥有承包地的农户将土地流转给村委会，也就是村委会反租倒包农户的土地。农村土地流转成功以后，村委会将所反租倒包农户的土地转包给需要农村土地的各类农业经营实体。该村新型农业经营主体主要是种植大户。年租金为 800 元/亩，村委会将全部租金返回给出租土地的农户。而农户个人私下流转土地的收入为 300～400 元/亩。通过村委会流转土地获得的收入高于农户个人流转。

4. 平度市蓼兰镇徐庄村农地流转调研

2016 年通过村委会流转土地 600 亩，每亩 1160.60 元。如其中一流入土地 100 亩，科学种植胡萝卜，年收入达到 70 万，纯收入 50 万。该种植大户尽管不是本村村民，但是通过土地流转享受该村村民待遇，水电一样，管理一样。每年该种植大户作为承租方先交费后种地，具体安排是 2016 年 10 月 20 日前缴足 2017 年的租金 116060 元；2017 年 8 月 31 日前缴足 2018 年的租金 116060 元；2018 年 8 月 31 日前缴足 2019 年的租金 116060 元；2019 年 8 月 31 日前缴足 2020 年的租金 116060 元；2020 年 8 月 31 日前缴足 2021 年的租金 116060 元。每次缴费都是提前向村委会缴纳 116060 元土地流转费用，村委会再分发给相关拥有农用耕地的农户。

该村的土地流转是以土地租赁合同的形式进行。村委会作为土地出租方与土地承租方签订土地租赁合同，该合同见证机关蓼兰镇法律服务所一份，镇经管统计审计服务中心一份，出租方与承租方各一份。该合同规定村委会作为土地出租方必须经过农户的同意，才能将农户的农用耕地出租给承租方。由此可见，村委会在该村土地流转中扮演着农村土地流转全能型中介组织的角色。

5. 黄岛区胶河管区塔桥村农地流转情况

该村 200 多亩土地经过村委会这一农民信任的农地流转中介组织进行流转，其价格在 1000 元，而市场价格在 800 元，每亩多出 200 元，直接增加了农民的财产性收入，深受该村村民的欢迎。流转出土地的农民经过村委会的推荐直接在土地流入方所经营的项目中就业，获得工资性收入。通过有效信息汇总显示该村普通百姓对村两委的评价很高，对村两委领导的村庄未来的发展充满了信心。

（二）青岛市农村土地流转服务中心作为中介组织调研情况

本书主要调研了胶州市胶北镇农村土地流转服务中心。在实地调研中发现胶州市胶北镇党委、政府紧紧围绕农民增收、集体增收这一核心目标，把农村土地承包经营权流转工作作为推动胶北农村改革发展的战略性举措，在实际工作中胶北镇建立健全农村土地流转服务体系，成立了青岛市首家农村土地流转服务中心，成为农民致富、造福农村的重要载体。到目前，镇土地流转服务中心共接到各种咨询电话近千个，到窗口咨询人数达 600 余人，先后登记土地流转信息 1200 余条，成功流转农村土地 400 余亩，规范农村土地流转合同 260 余份，实现了该镇农村土地流转的规范化。

胶州市马店镇实现农村土地稀缺资源的有效利用。截至目前，全镇通过土地流转服务中心共流转土地 11500 多亩，占耕地面积的 16.9%，2016 年全镇入股农民增收达 300 万元，亩均增收 300 元。该镇分别采取了以土地股份合作社、专业经济组织、承包经营大户为龙头的流转模式，实现经营规模化、专业化、集中化的目标，同时依托全镇 15 家各类专业合作组织和协会，促进土地高效流转。目前，全镇已组建土地股份合作社 5 家。该镇还把有限的土地资源进行整合，目前，全镇 10 亩以上规模经营户总数达到 800 户，经营面积达到 9250 亩。在土地流转过程中，该镇因村制宜，充分尊重农民意愿，把保证农民利益放在首位，确保农民在流转中获得高收入。引进北京古船面粉等农副产品加工企业 70 余家，年加工能力达到 6000 万吨。通过龙头企业带动，农户的土地经营权实现了稳步合理流转，转移农村劳动力 8000 多人，为土地流转创造了良好的环境。全镇 49 个村庄中已有 44 个村登记流转信息 670 多条，涉及农户 2400 户，土地流转呈现供需两旺的态势。

（三）青岛市农村产权交易中心作为中介组织情况调查

目前，山东省已建立省级农村产权交易中心 1 个、市级 3 个、县级 109 个，累计实现交易额 206 亿元（中国山东网 2016 年 10 月 13 日），成为农村不可忽视的中介组织。平度市供销社蓼兰分社领办下的万家福粮蔬专业合作社通过农村产权交易中心流转土地 4000

多亩。2015 年，合作社克服粮食价格低走，蔬菜销售不旺的困难，拿出经营利润 10 余万元，以现金发放形式在合作社年终大会上兑现了分红的承诺。社员陈明序 2014 年就把 12 亩土地通过产权交易中心交给合作社托管，自己和妻子外出打工，除去田地各种费用，他在土地上没出一分力气，一亩地就净收入 1500 元。合作社小麦从初收价 2.4 元/公斤，到出售时的 2.58 元/公斤，共为社员增收 36 万元。

在平度市发放的问卷调查中发现大部分农户对产权交易中心有足够的认识，对经营权的交易更是知道很多。下面展示的是该中心农村土地流转双方的部分代表性的具体信息。

1. 平度市产权交易中心转出的部分具体信息

（1）东阁街道崔召村土地流转

项目名称：崔召村土地流转

所属街道：东阁街道

项目类型：农村土地

项目编号：TD－ZC－DG2016033

转出方名称：杨智江

项目面积：1.575

项目地址：东阁街道办事处崔召村村东

项目价格：600 斤小麦/亩/年折款

支付方式：无

竞投保证金：无

受让方应当具备的条件：无

披露事项：无

拟转出期限：2016－03－06 至 2035－04－30

（2）同和街道刘古路村土地转出

项目名称：同和街道刘古路村土地转出

所属街道：同和街道

项目类型：农村土地

项目编号：TD－ZC－TH2016011

转出方名称：刘京深

项目面积：8.4

项目地址：同和街道刘古路村

项目价格：800 元/亩/年

支付方式：现金

竞投保证金：无

受让方应当具备的条件：无

披露事项：无

拟转出期限：2016－06－30 至 2021－12－30

（3）李园街道胜利村场地租赁

项目名称：李园街道胜利村场地租赁

所属街道：李园街道

项目类型：农村土地

项目编号：ZC－ZC－LY2016013

转出方名称：李园街道胜利村委

项目面积：190 平方米

项目地址：李园街道胜利村

项目价格：15 万

支付方式：一次性付清

竞投保证金：无

受让方应当具备的条件：无

披露事项：无

拟转出期限：2016－07－01 至 2017－06－30

（4）同和街道刘古路村土地转出

项目名称：同和街道刘古路村土地转出

所属街道：同和街道

项目类型：农村土地

项目编号：TD - ZC - TH2016010

转出方名称：刘京霞

项目面积：4.42

项目地址：同和街道刘古路村

项目价格：800 元/亩/年

支付方式：现金

竞投保证金：无

受让方应当具备的条件：无

披露事项：无

拟转出期限：2016 - 06 - 30 至 2021 - 12 - 30

（5）崔家集镇土地转出

项目名称：崔家集镇土地转出

所属街道：崔家集镇

项目类型：农村土地

项目编号：TD - ZC - CJJ - 201604

转出方名称：陆江林

项目面积：20

项目地址：崔家集镇营子屯

项目价格：600 元/亩/年

支付方式：分期付款

竞投保证金：无

受让方应当具备的条件：无

披露事项：无

拟转出期限：2015 - 10 - 01 至 2018 - 10 - 01

（6）李园街道西河洼土地承包

项目名称：李园街道西河洼土地承包

项目编号：ZC – ZC – LY – 2016009

所属镇街：李园街道

项目类型：农村土地

转出方名称：李园街道西河洼村委

面积：1.5 亩

项目地址：李园街道西河洼村

价格：5000 元

支付方式：一次性付清

竞投保证金：无

受让方应当具备的条件：无

披露事项：无

拟转出期限：2016 – 04 – 16 至 2021 – 01 – 16

（7）明村镇台西村土地发包公示

项目名称：明村镇台西村土地发包公示

项目编号：TD – ZC – 20160007

所属镇街：明村镇

项目类型：农村土地

转出方名称：台西村委

面积：30 亩

项目地址：明村镇台西村

价格：185760

支付方式：一次性支付

竞投保证金：10 万

受让方应当具备的条件：本村村民

披露事项：种植为主

拟转出期限：2016 – 08 – 08 至 2020 – 08 – 08

（8）大泽山镇唐家村土地转出

项目名称：大泽山镇唐家村荒山转出

地址：大泽山镇唐家村

权属性质：集体所有

出让方式：转出

出让方：大泽山镇唐家村

拟转出期限：2014 – 03 – 10 至 2017 – 03 – 10

挂牌价格：每亩 500 元

支付方式：一次性支付

竞投保证金：2000 元

出让项目描述：全体村民会议通过，同意唐家村荒山以 7500 元
一次性转出

受让方应当具备的条件：本村村民

披露事项：无

平度市大泽山镇农村产权交易中心

（9）崔家集镇营子屯村土地转出

项目名称：崔家集镇营子屯村土地转出

项目编号：TD – ZC – CJJ – 201601

所属镇街：崔家集镇

项目类型：农村土地

转出方名称：孙学贤

面积：16 亩

项目地址：平度市崔家集镇营子屯村

价格：500 元/年

支付方式：分期付款

竞投保证金：无

受让方应当具备的条件：无

披露事项：无

拟转出期限：2016－07－01 至 2019－07－01

（10）大泽山镇东升村土地转出

项目名称：大泽山镇东升村土地转出

项目编号：TD－ZC－DZS2014016

地址：大泽山镇东升村

权属性质：集体所有

出让方式：转出

出让方：大泽山镇东升村

拟转出期限：2013－07－01 至 2063－06－30

挂牌价格：每亩110000元

支付方式：一次性支付

竞投保证金：500000元

出让项目描述：全体村民会议通过，同意东升村土地以2860000元一次性转出

受让方应当具备的条件：本村村民

披露事项：无

平度市大泽山镇农村产权交易中心

总结：以上十条信息总体上看存在的共同问题有以下几个方面：一是没有具体的联系方式；二是没有说明地块的基本概况，即土地的肥沃程度、地块的位置；三是该地块前三年的种植、养殖以及收成如何；四是支付方式没有，怎么支付？微信、银行转账、现金支付？此外报名时间不具体，竞投保证金也没有。

受让方应当具备的条件只有两户提出需要是本村村民，其他户家没有提出要求。而对披露事项只有一户披露为种植为主，其他九

户没有披露。有一户提出的转出时间到 2035 年不符合法律的规定。通过挂牌的十户就可以看出产权交易中心农村土地流转的出让信息同时也有很多瑕疵，如 1.575 是 1.575 亩还是 1.575 公顷，不明确。同样 8.4 和 4.42 也是这样。另外，在很重要的支付方式上，有的没有明确提出要求，有的是分期付款，但是没有比例。这些问题表明农村产权交易中心需要进一步规范农村土地出让信息。

2. 产权交易中心部分需求方具体信息

（1）田庄镇邓家村邓振同土地需求

项目名称：田庄镇邓家村邓振同土地需求

项目编号：TD – XQ – TZ2016010

所属镇街：田庄镇

项目类型：农村土地

项目地址：无

面积：50 亩

价格：500

需求期限：略

土地用途与经营描述：流转期限 5 年，用于种植

地块应具备的条件：无

其他披露事项：无

（2）孙云生土地需求

项目名称：孙云生土地需求

项目编号：TD – XQ – LL20160034

所属镇街：蓼兰镇

项目类型：农村土地

项目地址：蓼兰镇张家疃村

面积：65.76

价格：1000

需求期限：2015 - 10 - 01 至 2018 - 10 - 01

土地用途与经营描述：无

地块应具备的条件：无

其他披露事项：无

（3）万清森土地需求

项目名称：万清森土地需求

项目编号：TD - XQ - LL20160027

所属镇街：蓼兰镇

项目类型：农村土地

项目地址：蓼兰镇小万家村

面积：23.6

价格：900

需求期限：2015 - 10 - 01 至 2020 - 10 - 01

土地用途与经营描述：无

地块应具备的条件：无

其他披露事项：无

（4）杜新民土地需求

项目名称：杜新民土地需求

项目编号：TD - XQ - LL20160019

所属镇街：蓼兰镇

项目类型：农村土地

项目地址：蓼兰镇北杜家村

面积：74.89

价格：650

需求期限：2015 - 10 - 01 至 2029 - 10 - 01

土地用途与经营描述：无

地块应具备的条件：无

其他披露事项：无

（5）季保年土地需求

项目名称：季保年土地需求

项目编号：TD – XQ – LL20160017

所属镇街：蓼兰镇

项目类型：农村土地

项目地址：丘西村

面积：47.77

价格：1000

需求期限：2014 – 10 – 10 至 2017 – 10 – 09

土地用途与经营描述：无

地块应具备的条件：无

（6）崔家集镇营子屯村土地流转

项目名称：崔家集镇营子屯村土地流转

项目编号：TD – XQ – CJJ – 201603

所属镇街：崔家集镇

项目类型：农村土地

项目地址：崔家集镇营子屯村

面积：53 亩

价格：700 元/年

需求期限：略

土地用途与经营描述：地块平整、水浇条件好、适合粮食种植

地块应具备的条件：无

（7）南村镇万国明家庭农场土地需求

需求项目名称：南村镇万国明家庭农场土地需求

需求区域位置：平度市南村镇兰底河北村

需求土地面积（亩）：500 亩左右

流转需求期限：2014 - 10 至 2019 - 10

土地用途与经营描述：粮食油料作物种植。

地块应具备的条件：承租土地 500 亩，有水源，交通便利，权属无纠纷，成方连片为宜

承受价格：700 元/亩/年

项目报名时间：2014 - 09 - 20 至 2014 - 10 - 04

其他披露事项：

平度市南村镇农村产权交易中心

（8）杨先为土地需求

需求项目名称：杨先为土地需求

需求区域位置：东石河村

需求土地面积（亩）：476

流转需求期限：2014 - 05 - 10 至 2024 - 06 - 09

土地用途与经营描述：农业用途

地块应具备的条件：有水源，交通便利

承受价格：500 元/亩/年

项目报名时间：2014 - 02 - 28 至 2014 - 03 - 27

其他披露事项：无

平度市李园街道办事处农村产权交易中心

（9）杨丽梅土地需求

需求项目名称：杨丽梅土地需求

需求区域位置：北桑杭村

需求土地面积（亩）：303

流转需求期限：2014 - 03 - 02 至 2024 - 03 - 01

土地用途与经营描述：农业用途

地块应具备的条件：有水源，交通便利

承受价格：1000 元/亩/年

项目报名时间：2014 - 02 - 02 至 2014 - 03 - 01

其他披露事项：无

平度市李园街道办事处农村产权交易中心

（10）孙清海土地需求

需求项目名称：孙清海土地需求

需求区域位置：新毛家庄村西道南北

需求土地面积（亩）：55.74

流转需求期限：2014 - 10 - 01 至 2019 - 10 - 01

土地用途与经营描述：农业用途

地块应具备的条件：有水源，交通便利

承受价格：1000 元/亩/年

项目报名时间：2014 - 06 - 25 至 2014 - 06 - 24

其他披露事项：

平度市李园街道办事处农村产权交易中心

总结：已经发布的十条土地需求信息存在的共同问题有以下几个方面：一是没有具体的联系方式；二是没有说明地块的基本概况，即土地的肥沃程度、地块的位置；三是该地块前三年的种植、养殖以及收成如何；四是支付方式没有，报名时间不具体，竞投保证金也没有。而地块应具备的条件和其他披露事项十家土地需求方都没有。通过挂牌的十户就可以看出产权交易中心农村土地流转的需求信息由很多瑕疵，如65.76 是65.76 亩还是65.76 公顷，不明确。同样74.89 和47.77 以及23.6 也是这样。另外，在计量单位上也存在问题，如500、900、1000 等没有具体的计量单位。另外，在很重要的土地用途与经营描述一栏中十户只有两户明确了土地用途与经营，其他八户没有明确。这些问题表明农村产权交易中心需要进一步规范农村土地需求信息。

3. 已经结束的转出农村土地信息交易项目

转出信息	所属街道	项目类型	价格（元）	状态
南村镇东北街村机动地承包公告	南村镇	农村土地	400 元	已结束
南王村高温大棚公开承包	云山镇	村集体经营性资产	18010 元	已结束
南村镇小亭兰丘村土地承包招标公告	南村镇	农村土地	600 元/亩/年	已结束
崔召村土地流转	东阁街道	农村土地	600 斤小麦/亩/年	已结束

在已经结束的转出信息交易项目的发布中计量单位价格一栏中无需标识元，因为有"600 斤小麦/亩/年"，是无法与"元"相对接的。

4. 具体案例：明村镇百果园旅游种植项目

三合山百果农创园位于甜美小镇核心区，沃憩蓝莓主题公园东侧，2016 年，在镇党委的支持和帮助下，通过平度市农村产权交易中心，共流转土地 1500 多亩。园区规划六大区域，分别是露天采摘区、大棚区、果树种植区、旅游观光休闲区、养殖区和办公仓储区，园内四季有果、常年有花，集种植、采摘、旅游观光、休闲娱乐餐饮功能于一体。园内还栽植百花园、牡丹园、月季园、玫瑰园及多姿多样的园林式观光景点，是人们休闲娱乐的极佳去处。由此可见，通过农地流转中介组织能够快速使得农村土地形成规模，使传统农业迎来大变革的机遇。

（四）青岛市农地流转中介组织的运行情况调查

1. 青岛市农地流转中介组织需求典型村庄问卷调查

（1）即墨市金口镇金口村的 33 份问卷调查

该村共有土地 330 亩，人口 623 人。在调查的 33 人中，有 31 人既知道了解农地流转中介组织，又愿意将土地交给他人耕种，只有 2

人既不知道也不了解农地流转中介组织，同时也不愿意将土地交给他人耕种。这与调查对象的年龄有关。本次调查情况如下：

20~30岁的有4人，他们的文化程度为高中，这4人都同意将土地交给他人耕种。对农地流转中介组织的需要在以下几个方面：一是土地测量与评估的；二是土地流转法律咨询。他们最喜欢的农地流转中介组织类型为：村委会。

30~40岁的有8人，8人都同意将土地交给他人耕种，他们的文化程度为初中。他们都知道农地流转中介组织，对农地流转中介组织的需要主要是农村土地流转争议问题的解决。他们最喜欢的农地流转中介组织类型为：首先是政府成立的农村土地流转服务中心；其次是村委会；最后是全市场化运作的农村产权交易中心。

40~50岁的有16人，都同意将土地交给他人耕种。他们的文化程度为小学8人，初中8人。他们都知道农地流转中介组织，对农地流转中介组织的需要主要是农村产权交易。较受欢迎的农地流转中介组织类型为村委会。

50~60岁的有3人，这3个人都同意将土地交给他人耕种。他们的文化程度为小学。他们对农地流转中介组织都知道，需要中介组织的目的是进行土地测量与评估，从而确定土地出租的价格。需要的类型为政府成立的农村土地流转服务中心，因为他们对政府比较信任。

60岁以上的有2人，文化程度文盲1人，小学1人。这2个人都不同意将土地交给他人耕种。他们对农地流转中介组织既不知道，也不需要。他们反复强调需要继续耕种土地，无论什么情况，都不愿意交出土地。可见，他们对土地的感情很深。

（2）莱西市沽河街道西杨格庄村66份问卷调查

该村拥有土地2800亩，人口450户，1230人。在调查的66人中，有62人既知道和了解农地流转中介组织，又愿意将土地交给他人耕种；只有 4 人既不知道也不了解农地流转中介组织，同时也不愿意将土地交给他人耕种。这与调查对象的年龄有关。本次调查情况如下：

20～30 岁的有 8 人，这 8 人都同意将土地交给他人耕种，他们的文化程度为高中。他们对农地流转中介组织的需要主要是土地测量与评估，从而确定土地出租的价格。同时，也需要了解与农村土地流转有关的法律咨询。最受欢迎的农地流转中介组织类型为村委会。

30～40 岁的有 16 人，16 人都同意将土地交给他人耕种。他们的文化程度为初中，都知道农地流转中介组织，对农地流转中介组织的需要是如何进行农村产权交易事宜。最受欢迎的农地流转中介组织类型为：一是政府成立的农村土地流转服务中心；二是村委会；三是全市场化运作的农村产权交易中心。

40～50 岁的有 32 人，都同意将土地交给他人耕种。他们的文化程度为小学 2 人，初中 30 人。都知道农地流转中介组织，对农地流转中介组织的需要主要是农村土地流转后的合同履行问题，最受欢迎的农地流转中介组织类型为村委会。

50～60 岁的有 6 人，这 6 个人都同意将土地交给他人耕种。他们的文化程度为小学，都知道农地流转中介组织，需要中介组织的目的是解决农村土地流转后的利益纠纷问题。需要的农地流转中介组织的类型为政府成立的农村土地流转服务中心，因为这些人比较相信政府。

60 岁以上的有 4 人。文化程度为文盲 3 人，1 人小学。这 4 个人都不同意将土地交给他人耕种，对农地流转中介组织既不知道，也不需要。他们反复强调需要继续耕种土地，无论什么情况，都不愿意交出土地。可见，他们对土地的感情很深。

（3）平度市蓼兰镇徐庄村 50 份问卷调查

该村共有耕地 1720 亩，人口 1240 人。在调查的 50 人中有 47 人既知道和了解农地流转中介组织，又愿意将土地交给他人耕种；只有 3 人既不知道也不了解农地流转中介组织，同时也不愿意将土地交给他人耕种。这与调查对象的年龄有关。本次调查情况如下：

20~30 岁的有 7 人，这 7 人中有 6 人同意将土地交给他人耕种，有 1 人不同意。他们的文化程度为高中，对农地流转中介组织的需要主要是农村土地测量与评估，从而确定土地出租的价格。同时也需要了解与农村土地流转有关的法律咨询等问题。最受欢迎的农地流转中介组织类型为村委会。

30~40 岁的有 13 人，13 人都同意将土地交给他人耕种。他们的文化程度为初中，都知道农地流转中介组织，对其需要主要是在农村土地托管问题的解答。最受欢迎的农地流转中介组织类型为：一是政府成立的农村土地流转服务中心；二是村委会；三是全市场化运作的农村产权交易中心。

40~50 岁的有 22 人，都同意将土地交给他人耕种。他们的文化程度为小学 2 人，初中 30 人。都知道他们农地流转中介组织，对其需要主要是农村产权交易问题的解答。最受欢迎的农地流转中介组织类型为村委会。

50~60 岁的有 5 人，这 5 个人都同意将土地交给他人耕种。他们的文化程度为小学，都知道农地流转中介组织，需要中介组织的目的是解决农村土地流转后的利益纠纷问题。需要的农地流转中介组织的类型为政府成立的农村土地流转服务中心，因为他们比较相信政府。

60 岁以上的有 3 人。文化程度为文盲 2 人，1 人小学。这 3 个人都不同意将土地交给他人耕种，对农地流转中介组织既不知道，也不需要。他们反复强调需要继续耕种土地，无论什么情况，都不愿意交出土地。可见，他们对土地的感情很深。

通过调查发现这三个村庄在青岛市是处于中上游的村庄，比较有典型的代表性。从问卷调查中发现年龄越大农民的思想解放程度就比较低下，对农村土地的认知程度比较浅，浓厚的传统的土地恋情比较重，这也是青岛市下一步农村土地流转工作顺利进行的一大障碍。调查中所显示的广大农民对农村土地流转以及中介组织需求的比例在青岛市非常高，也是青岛市下一步开展农村土地流转一个优势条件。同时广大农民都非常认同村委会为最佳的农地流转中介组织，这是青岛市农村土地流转的一大亮点。

2. 典型乡镇农地流转中介组织的问卷调查

（1）平度市南村镇农地流转中介组织的问卷调查结果

发放问卷100份，收回有效问卷92份，有效比为92%。问卷共涉及以下八个问题：

一是你愿意把土地交给他人耕种吗？

愿意　男性55人，女性22人，共计77人

不愿意　男性10人，女性5人，共计15人

二是你的年龄

20～30岁　男性8人，女性3人，共计11人

30～40岁　男性8人，女性8人，共计16人

40～50岁　男性28人，女性8人，共计36人

50～60岁　男性15人，女性9人，共计24人

60岁以上　男性4人，女性1人，共计5人

三是文化程度

小学　男性7人，女性16人，共计23人

初中　男性38人，女性12人，共计50人

高中　男性16人，女性2人，共计18人

大学　男性1人，女性0人，共计1人

四是你种地的收入与外出打工的收入相比？

种地的收入比外出打工的收入多

男性 2 人，女性 8 人，共计 10 人

种地的收入比外出打工的收入少

男性 58 人，女性 12 人，共计 70 人

种地的收入和外出打工的收入差不多

男性 8 人，女性 4 人，共计 12 人

五是你知道农地流转中介组织吗？

知道的　　男性 68 人，女性 9 人，共计 77 人

不知道的　男性 2 人，女性 13 人，共计 15 人

六是你需要农地流转中介组织吗？

需要的　　男性 68 人，女性 5 人，共计 73 人

不需要的　男性 8 人，女性 11 人，共计 19 人

七是你需要农地流转中介组织帮助你解决什么问题？

寻找土地受让方的　男性 40 人，女性 6 人，共计 46 人

增加土地收入的　　男性 48 人，女性 25 人，共计 73 人

减少土地流转纠纷的　男性 48 人，女性 6 人，共计 54 人

进行农业规模化经营的　男性 28 人，女性 8 人，共计 36 人

八是你最喜欢的农地流转中介组织是哪种？

农村集体经济组织（村委会）的

男性 68 人，女性 7 人，共计 75 人

农村土地流转服务中心的

男性 7 人，女性 3 人，共计 10 人

农村产权交易中心的

男性 6 人，女性 1 人，共计 7 人

（2）莱西市店埠镇农地流转中介组织的问卷调查结果

发放问卷 100 份，收回有效问卷 94 份，问卷共涉及以下八个

问题：

一是你愿意把土地交给他人耕种吗?

愿意　　男性 50 人，女性 22 人，共计 72 人

不愿意　男性 10 人，女性 12 人，共计 22 人

二是你的年龄

20～30 岁　男性 8 人，女性 1 人，共计 9 人

30～40 岁　男性 8 人，女性 8 人，共计 16 人

40～50 岁　男性 28 人，女性 10 人，共计 38 人

50～60 岁　男性 15 人，女性 9 人，共计 24 人

60 岁以上　男性 4 人，女性 3 人，共计 7 人

三是文化程度

小学　男性 12 人，女性 16 人，共计 28 人

初中　男性 38 人，女性 9 人，共计 47 人

高中　男性 17 人，女性 2 人，共计 19 人

大学　男性 0 人，女性 0 人，共计 0 人

四是你种地的收入与外出打工的收入相比?

种地的收入比外出打工的收入多

男性 2 人，女性 18 人，共计 20 人

种地的收入比外出打工的收入少

男性 48 人，女性 12 人，共计 60 人

种地的收入和外出打工的收入差不多

男性 10 人，女性 4 人，共计 14 人

五是你知道农地流转中介组织吗?

知道的　　男性 68 人，女性 9 人，共计 71 人

不知道的　男性 2 人，女性 21 人，共计 23 人

六是你需要农地流转中介组织吗?

需要的　　男性 70 人，女性 2 人，共计 72 人

不需要的　男性 10 人，女性 12 人，共计 22 人

七是你需要农地流转中介组织帮助你解决什么问题？

寻找土地受让方的　男性 44 人，女性 6 人，共计 50 人

增加土地收入的　　男性 48 人，女性 38 人，共计 86 人

减少土地流转纠纷的　男性 58 人，女性 6 人，共计 64 人

进行农业规模化经营的　男性 58 人，女性 9 人，共计 67 人

八是你最信任的农地流转中介组织是哪种？

农村集体经济组织（村委会）的

男性 68 人，女性 8 人，共计 76 人

农村土地流转服务中心的

男性 5 人，女性 5 人，共计 10 人

农村产权交易中心的

男性 7 人，女性 1 人，共计 8 人

（3）即墨市金口镇农地流转中介组织的问卷调查结果

发放问卷 100 份，收回有效问卷 98 份，问卷共涉及以下八个
问题：

一是你愿意把土地交给他人耕种吗？

愿意　男性 65 人，女性 18 人，共计 83 人

不愿意　男性 10 人，女性 5 人，共计 15 人

二是你的年龄

20～30 岁　男性 10 人，女性 5 人，共计 15 人

30～40 岁　男性 8 人，女性 8 人，共计 16 人

40～50 岁　男性 30 人，女性 8 人，共计 38 人

50～60 岁　男性 15 人，女性 9 人，共计 24 人

60 岁以上　男性 2 人，女性 3 人，共计 5 人

三是文化程度

小学　男性 9 人，女性 14 人，共计 23 人

初中　男性 38 人，女性 16 人，共计 54 人

高中　男性 18 人，女性 2 人，共计 20 人

大学　男性 1 人，女性 0 人，共计 1 人

四是你种地的收入与外出打工的收入相比？

种地的收入比外出打工的收入多

男性 2 人，女性 8 人，共计 10 人

种地的收入比外出打工的收入少

男性 68 人，女性 8 人，共计 76 人

种地的收入和外出打工的收入差不多

男性 1 人，女性 11 人，共计 12 人

五是你知道农地流转中介组织吗？

知道的　　男性 68 人，女性 11 人，共计 79 人

不知道的　男性 2 人，女性 17 人，共计 19 人

六是你需要农地流转中介组织吗？

需要的　　男性 78 人，女性 2 人，共计 80 人

不需要的　男性 1 人，女性 17 人，共计 18 人

七是你需要农地流转中介组织帮助你解决什么问题？

寻找土地受让方的　　男性 43 人，女性 6 人，共计 49 人

增加土地收入的　　　男性 78 人，女性 11 人，共计 89 人

减少土地流转纠纷的　男性 68 人，女性 9 人，共计 77 人

进行农业规模化经营的　男性 78 人，女性 3 人，共计 81 人

八是你最信任的农地流转中介组织是哪种？

农村集体经济组织（村委会）的

男性 78 人，女性 2 人，共计 80 人

农村土地流转服务中心的　　男性 10 人，女性 1 人，共计 11 人

农村产权交易中心的　　　　男性 4 人，女性 3 人，共计 7 人

总结： 这些乡镇在青岛市是比较典型的农村乡镇，因此，该调

查具有一定的说服力。通过调查发现在青岛市广大农村主宰农村土地的依然是广大的男性农民。从问卷分 8 个问题来看，男性农民占主导地位，同时问卷调查发现广大农民的整体素质比较高，对农村土地流转的作用与目的比较熟悉，尤其是对农地流转中介组织在农村土地流转中的地位与作用比较清晰，这说明广大农民是非常理性的经济人。调查结果显示大多数农民认同村委会为最佳的农地流转中介组织，这也验证了村庄的调查结果。

五、青岛市农地流转中介组织发展阶段的判断

各个方面调查结果显示，青岛市农地流转中介组织处于发展成熟阶段，主要表现在以下几个方面：

一是农地流转中介组织机构开始按照市场经济法则来运作，农村土地流转中介组织仅围绕着农村土地测量、估价等方面业务来开展工作。

二是农地流转中介组织人员素质越来越高，其工作人员大多由村干部兼职或专业人员，在平度市徐庄村的调查就是如此。他们是比较熟悉金融、法律、农业科技等知识的专业人员；而且多数基层的农地流转中介组织内部制度比较完善，形成了系统的工作流程。在一定程度上抑制了农村土地流转中信息收集成本过高和交易成本过高的问题，提高了农村土地流转的效率。

三是农村土地流转开始转向主要依靠农地流转中介组织来进行。如有想转出农村土地的农户只要把自己的要求提出来，并交给自己看好的农地流转中介组织就可以了。而具有一定规模的种植大户、农业企业需要连片的土地规模，只要把自己的需求交给农地流转中介组织就可以了。

第八章　青岛市农地流转中介组织综合绩效评价

一、农地流转中介组织在农村土地流转中的绩效

有农地流转中介组织参与的农村土地流转土地集中的单边交易的绩效表现在以下两个方面：

（一）节约交易费用

在农村土地流转过程中交易费用可以理解为在农村土地流转过程中农村土地流转双方为了完成农村土地流转目标所投入的全部费用，包括人力、物力和财力。在单边交易情况下土地流转转入方只需面对农户信任的农地流转中介组织如村委会一方，同时由于农户信任的农地流转中介组织如村委会同农民的天然联系，契约关系的稳定性要强于农户与非本村组织（或个人）的契约关系，其签约成本相对低廉。由此可见农地流转中介组织参与农村土地流转能够节约交易费用。交易费用主要包括交易过程中的谈判成本和监督成本。谈判成本主要是由于交易双方信息不对称造成的。监督成本主要是指农村土地流转双方交易谈判成功后交易合同履行所需要的监督成本。无论是谈判成本还是监督成本目前对我国农村单个农户来说都是无法承担的。特别是交易程序越复杂，交易费用就越高，交易成

功的可能性就越低，这就需要独立于交易双方的专业的农地流转中介组织来承担这一任务。

（二）促进农村土地规模化经营

农地流转中介组织在农村土地流转过程中的一个重要作用就是集中了大量的连片土地，从而促进农村土地的规模化经营。这一点已经被学术界理论界所证实。很多新型农业经营主体，如家庭农场、合作社、种养殖大户以及公司企业到农村进行土地流转面对的一个困难就是采用什么方式能够把小农户分散的小块经营的土地形成规模化经营。因为大多数农户基本上都是自私自利看重眼前利益的人群，其自身是无法协调因土地形成规模的流转。这是因为农户大多数都是理性的经济人，往往为了自己的一点私利是不会让其他人谋利的，如在农村土地流转实践中经常出现的所谓的"钉子户"就是这种心态。农地流转中介组织的参与因其与农户们之间没有利益之争，能够站在一个公正的立场上进行积极协调，特别是对待所谓的"钉子户"更是有自己的一套工作方式方法，而有利益之争的农村土地流转农户们自身是无法进行协调的，这一点在实践中得到了广泛印证。

此外，作为青岛市农地流转中介组织的农村集体经济组织（村委会）、农村土地流转服务中心和农村产权交易中心在实践中能够对土地流转需求方和流入方农地流转的相关信息档案进行存档，从而能够定时不定时地对农村土地流转实施规范化管理和科学化监督。

二、青岛市农地流转中介组织综合绩效评价指标的构建

本书对青岛市农地流转中介组织综合绩效评价指标的构建原则主要有以下四个方面：一是非常直观的原则。这个原则的要求是评价指标让人一看就明白。二是能够进行量化的原则。这个原则的要求是评价指标能够进行量化计算，确立出高低不等的序列。三是全面综合的原则。这个原则的要求是评价指标不是单一的，而是有机地综合。四是有机衔接的原则。这个原则的要求是各个评价指标不是独立地进行，而是有机衔接地运行。

根据以上四大农地流转中介组织综合绩效评价指标的原则，结合青岛市广大农村土地流转的实际情况，充分借鉴学术界理论界有关农村土地流转绩效评价指标的研究成果，本书提出了青岛市农地流转中介组织综合绩效评价的指标共有 12 个。这 12 个评价指标构成了由经济绩效、社会绩效和生态绩效三个准则层所组成的青岛市农地流转中介组织综合绩效评价指标体系。这 12 个指标分别是农地流转前后单位土地投入产出比变化率、农地流转前后单位土地农机使用变化率、每亩土地户均纯收入变化率、土地规模经营实现指数、单位土地利用率变化指数、单位土地科技投入变化指数、单位土地劳动力投入率变化指数、农户对农地流转中介组织的满意度、农村恩格尔系数变化指数、单位农地农药使用量指数、单位农地化肥使用量指数、土地撂荒面积变化率。

这 12 个评价指标基本上都是围绕着农地流转展开评价的。只有农村恩格尔系数变化指数是一个综合反映农地流转绩效的指标，因为这个指标是社会绩效的主要体现，所以本书也把它放入指标评价体系。

本书确立的青岛市农地流转中介组织综合绩效指标评价体系的创新性就在于两个指标层：每亩土地户均纯收入变化率和农户对农地流转中介组织的满意度。这两个指标层更加符合青岛市农村土地流转绩效评价的实际。首先来看一下每亩土地户均纯收入变化率这个指标的创新性。目前我国所有涉及农村土地流转的法律法规和政策都明确规定农户是农村土地的承包方，同时也是农地流转的出让方。所以以每亩土地户均纯收入变化率这个指标更能直接反映青岛市农地流转中介组织的综合绩效。这个单位一亩为计量单位，是因为我国户均耕地按照国家统计局最新数据来看只有 7.5 亩，而且每户不是把所有的承包地都进行流转，所以评价指标的计量单位选择为每亩来衡量农户的纯收入是本书的一大创新。第二个指标的创新就是对村委会、农村土地流转服务中心、农村产权交易中心构成的青岛市农地流转三大中介组织在农村土地流转中的满意度进行评价更能直接反映出青岛市农地流转中介组织的综合绩效。

三、综合绩效评价准则层中的各个指标权重的得出

（一）权重的得出

1. 权重的含义：某一指标的权重是指该指标在整体评价中的相对重要程度。

2. 本书采用统计平均法得出的权重

具体计算如下：

第一步　从不重要、一般重要、重要、很重要、特别重要这五个选项中以后三个选项比例以 67% 界限，低于 67%，则删去。大于 67%，则保留。

第二步　把不重要、一般重要、重要、很重要、特别重要这五个选项中后三个选项赋值为 3、4、5，则重要、非常重要、极为重要这三种选择的权重为：

$3/(3+4+5) = 0.25$

$4/(3+4+5) = 0.33$

$5/(3+4+5) = 0.42$

第三步　重要性评分均值的得出。

经济绩效中各个指标的重要性评分均值为：

（1）农地流转前后单位土地投入产出比变化率重要性评分均值为：28.33，具体计算为：

$(40 \times 3 + 30 \times 4 + 20 \times 5)/(3+4+5) = 340/12$

（2）农地流转前后单位土地农机使用变化率重要性评分均值为

25.00，具体计算为：

$$(30 \times 3 + 40 \times 4 + 10 \times 5)/(3 + 4 + 5) = 300/12$$

（3）每亩土地户均纯收入变化率重要性评分均值为 24.17，具体计算为：

$$(40 \times 3 + 30 \times 4 + 10 \times 5)/(3 + 4 + 5) = 290/12$$

（4）土地规模经营实现指数重要性评分均值为 30.17，具体计算为：

$$(23 \times 3 + 32 \times 4 + 33 \times 5)/(3 + 4 + 5) = 362/12$$

（5）单位土地利用率变化指数重要性评分均值为 28.75，具体计算为：

$$(25 \times 3 + 35 \times 4 + 26 \times 5)/(3 + 4 + 5) = 345/12$$

（6）单位土地科技投入变化指数重要性评分均值为 29.17，具体计算为：

$$(30 \times 3 + 40 \times 4 + 20 \times 5)/(3 + 4 + 5) = 350/12$$

社会绩效各个指标的重要性评分均值为：

（7）单位土地劳动力投入率变化指数重要性评分均值为 30.5，具体计算为：

$$(24 \times 3 + 36 \times 4 + 30 \times 5)/(3 + 4 + 5) = 366/12$$

（8）农户对农地流转中介组织的满意度重要性评分均值为 26.42，具体计算为：

$$(29 \times 3 + 50 \times 4 + 10 \times 3)/(3 + 4 + 5) = 317/12$$

（9）农村恩格尔系数变化指数重要性评分均值为 24.83，具体计算为：

$$(31 \times 3 + 40 \times 4 + 9 \times 5)/(3 + 4 + 5) = 298/12$$

生态绩效的各个指标的重要性评分均值为：

（10）单位农地农药使用量指数重要性评分均值为 24.17，具体计算为：

$(40 \times 3 + 30 \times 4 + 10 \times 5)/(3 + 4 + 5) = 290/12$

（11）单位农地化肥使用量指数重要性评分均值为 25.83，具体计算为：

$(30 \times 3 + 40 \times 4 + 20 \times 3)/(3 + 4 + 5) = 310/12$

（12）土地撂荒面积变化率重要性评分均值为 27.75，具体计算为：

$(21 \times 3 + 30 \times 4 + 30 \times 5)/(3 + 4 + 5) = 333/12$

第四步计算每准则层（经济绩效、社会绩效、生态绩效）中的各个指标的权重。

（二）经济绩效各类指标的权重

1. 指标 1 权重 = $(40 \times 0.25 + 30 \times 0.33 + 20 \times 0.42)/[(40 \times 0.25 + 30 \times 0.33 + 20 \times 0.42) + (30 \times 0.25 + 40 \times 0.33 + 10 \times 0.42) + (40 \times 0.25 + 30 \times 0.33 + 10 \times 0.42) + (23 \times 0.25 + 32 \times 0.33 + 33 \times 0.42) + (25 \times 0.25 + 35 \times 0.33 + 26 \times 0.42) + (30 \times 0.25 + 40 \times 0.33 + 20 \times 0.42)] = 28.3/(28.3 + 24.9 + 24.1 + 30.17 + 28.72 + 29.1) = 28.3/165.29 = 0.171$

2. 指标 2 权重 = $(30 \times 0.25 + 40 \times 0.33 + 10 \times 0.42)/[(40 \times 0.25 + 30 \times 0.33 + 20 \times 0.42) + (30 \times 0.25 + 40 \times 0.33 + 10 \times 0.42) + (40 \times 0.25 + 30 \times 0.33 + 10 \times 0.42) + (23 \times 0.25 + 32 \times 0.33 + 33 \times 0.42) + (25 \times 0.25 + 35 \times 0.33 + 26 \times 0.42) + (30 \times 0.25 + 40 \times 0.33 + 20 \times 0.42)] = 24.9/(28.3 + 24.9 + 24.1 + 30.17 + 28.72 + 29.1) = 24.9/165.29 = 0.151$

3. 指标 3 权重 = $(40 \times 0.25 + 30 \times 0.33 + 10 \times 0.42)/[(40 \times 0.25 + 30 \times 0.33 + 20 \times 0.42) + (30 \times 0.25 + 40 \times 0.33 + 10 \times 0.42) + (40 \times 0.25 + 30 \times 0.33 + 10 \times 0.42) + (23 \times 0.25 + 32 \times 0.33 + 33 \times 0.42) + (25 \times 0.25 + 35 \times 0.33 + 26 \times 0.42) + (30 \times 0.25 + 40 \times 0.33 + 20 \times 0.42)] = 24.9/(28.3 + 24.9 + 24.1 + 30.17 + 28.72 + 29.1) = 24.1/$

$165.29 = 0.146$

4. 指标 4 权重 $= (23 \times 0.25 + 32 \times 0.33 + 33 \times 0.42)/[(40 \times 0.25 + 30 \times 0.33 + 20 \times 0.42) + (30 \times 0.25 + 40 \times 0.33 + 10 \times 0.42) + (40 \times 0.25 + 30 \times 0.33 + 10 \times 0.42) + (23 \times 0.25 + 32 \times 0.33 + 33 \times 0.42) + (25 \times 0.25 + 35 \times 0.33 + 26 \times 0.42) + (30 \times 0.25 + 40 \times 0.33 + 20 \times 0.42)] = 24.9/(28.3 + 24.9 + 24.1 + 30.17 + 28.72 + 29.1) = 30.17/165.29 = 0.183$

5. 指标 5 权重 $= (25 \times 0.25 + 35 \times 0.33 + 26 \times 0.42)/[(40 \times 0.25 + 30 \times 0.33 + 20 \times 0.42) + (30 \times 0.25 + 40 \times 0.33 + 10 \times 0.42) + (40 \times 0.25 + 30 \times 0.33 + 10 \times 0.42) + (23 \times 0.25 + 32 \times 0.33 + 33 \times 0.42) + (25 \times 0.25 + 35 \times 0.33 + 26 \times 0.42) + (30 \times 0.25 + 40 \times 0.33 + 20 \times 0.42)] = 28.72/(28.3 + 24.9 + 24.1 + 30.17 + 28.72 + 29.1) = 28.72/165.29 = 0.173$

6. 指标 6 权重 $= (30 \times 0.25 + 40 \times 0.33 + 20 \times 0.42)/[(40 \times 0.25 + 30 \times 0.33 + 20 \times 0.42) + (30 \times 0.25 + 40 \times 0.33 + 10 \times 0.42) + (40 \times 0.25 + 30 \times 0.33 + 10 \times 0.42) + (23 \times 0.25 + 32 \times 0.33 + 33 \times 0.42) + (25 \times 0.25 + 35 \times 0.33 + 26 \times 0.42) + (30 \times 0.25 + 40 \times 0.33 + 20 \times 0.42)] = 29.1/(28.3 + 24.9 + 24.1 + 30.17 + 28.72 + 29.1) = 29.1/165.29 = 0.176$

（三）社会绩效各类指标的权重

7. 指标 7 权重 $= (24 \times 0.25 + 36 \times 0.33 + 30 \times 0.42)/[(24 \times 0.25 + 36 \times 0.33 + 30 \times 0.42) + (29 \times 0.25 + 50 \times 0.33 + 10 \times 0.42) + (31 \times 0.25 + 40 \times 0.33 + 9 \times 0.42)] = 30.48/(30.48 + 27.95 + 24.73) = 30.48/83.16 = 0.367$

8. 指标 8 权重 $= (29 \times 0.25 + 50 \times 0.33 + 10 \times 0.42)/[(24 \times 0.25 + 36 \times 0.33 + 30 \times 0.42) + (29 \times 0.25 + 50 \times 0.33 + 10 \times 0.42) + (31 \times 0.25 + 40 \times 0.33 + 9 \times 0.42)] = 29.95/(30.48 + 27.95 + 24.73) =$

27. 95/83. 16 = 0. 336

9. 指标 9 权重 = $(31 \times 0.25 + 40 \times 0.33 + 9 \times 0.42)/[(24 \times 0.25 + 36 \times 0.33 + 30 \times 0.42) + (29 \times 0.25 + 50 \times 0.33 + 10 \times 0.42) + (31 \times 0.25 + 40 \times 0.33 + 9 \times 0.42)]$ = 29. 95/(30. 48 + 27. 95 + 24. 73) = 24. 73/83. 16 = 0. 297

（四）生态绩效各类指标的权重

10. 指标 10 权重 = $(40 \times 0.25 + 30 \times 0.33 + 10 \times 0.42)/[(40 \times 0.25 + 30 \times 0.33 + 10 \times 0.42) + (30 \times 0.25 + 40 \times 0.33 + 20 \times 0.42) + (21 \times 0.25 + 30 \times 0.33 + 30 \times 0.42)]$ = 24. 1/(24. 1 + 29. 1 + 27. 75) = 24. 1/80. 95 = 0. 298

11. 指标 11 权重 = $(30 \times 0.25 + 40 \times 0.33 + 20 \times 0.42)/[(40 \times 0.25 + 30 \times 0.33 + 10 \times 0.42) + (30 \times 0.25 + 40 \times 0.33 + 20 \times 0.42) + (21 \times 0.25 + 30 \times 0.33 + 30 \times 0.42)]$ = 29. 1/(24. 1 + 29. 1 + 27. 75) = 29. 1/80. 95 = 0. 359

12. 指标 11 权重 = $(21 \times 0.25 + 30 \times 0.33 + 30 \times 0.42)/[(40 \times 0.25 + 30 \times 0.33 + 10 \times 0.42) + (30 \times 0.25 + 40 \times 0.33 + 20 \times 0.42) + (21 \times 0.25 + 30 \times 0.33 + 30 \times 0.42)]$ = 27. 75/(24. 1 + 29. 1 + 27. 75) = 27. 75/80. 95 = 0. 343

表 各类指标权重和重要性评分均值确定表（统计平均法）

准则层	指标层	权重	各个指标重要以上的程度					重要性评分均值
			不重要	一般重要	重要	很重要	特别重要	
经济绩效	1. 农地流转前后单位土地投入产出比变化率	0.171	0	10	40	30	20	28. 33
	2. 农地流转前后单位土地农机使用变化率	0.151	0	20	30	40	10	25. 00
	3. 每亩土地户均纯收入变化率	0.146	0	20	40	30	10	24. 17

准则层	指标层	权重	各个指标重要以上的程度					重要性评分均值
			不重要	一般重要	重要	很重要	特别重要	
经济绩效	4. 土地规模经营实现指数	0.183	0	12	23	32	33	30.17
	5. 单位土地利用率变化指数	0.173	0	14	25	35	26	28.75
	6. 单位土地科技投入变化指数	0.176	0	10	30	40	20	29.17
社会绩效	7. 单位土地劳动力投入率变化指数	0.367	0	10	24	36	30	30.5
	8. 农户对农地流转中介组织的满意度	0.336	0	11	29	50	10	26.42
	9. 农村恩格尔系数变化指数	0.297	0	20	31	40	9	24.83
生态绩效	10. 单位农地农药使用量指数	0.298	0	20	40	30	10	24.17
	11. 单位农地化肥使用量指数	0.359	0	10	30	40	20	25.83
	12. 土地撂荒面积变化率	0.343	0	19	21	30	30	27.75

注：本表的重要性程度数据来自不同单位的专家打分汇总的结果，重要性评分的确定方法采用两步实现，第一步剔除非重要指标，本书将非重要指标定义为专家打分汇总后"不重要"和"一般重要"两项百分比之和小于33%的指标；第二步采用加权平均法计算重要性评分均值，即分别赋予"重要"、"很重要"和"特别重要"为3、4、5的值（权重分别为25%、33%和42%），对专家打分汇总值进行加权平均。最终权重来自于专家打分重要性评分均值的算数平均数。

四、对农地流转中介组织综合绩效进行评价

（一）作为农村最主要的农地流转中介组织——村委会的综合绩效评价

农村实地调研的难度非常大，课题组很难获得更多地区的数据，选择莱西的原因主要在莱西市的以村集体为农地流转中介组织的实践在青岛市内较有代表性。

目前，莱西市姜山镇大河头村土地为 4800 亩，人口 2100 人，地处莱阳、即墨、莱西三市交界，村集体按照每亩地 600 元的标准，以每年 5% 递增的土地租赁费的形式流转村民土地 2000 亩，然后将土地流转给三个种植大户，其中一个种植大户成立了农业生产合作社，主要种植小麦和玉米。夏季收获小麦，秋季收获玉米。两季的收获都是采用先进的农业机械，大大节约了生产成本。在农产品增收乏力的情况下，该合作社不仅按时给付村民的农村土地流转费用，而且合作社的营利呈上升趋势。

通过村委会流转土地的村民的经济收入如下：在本村通过实地调查，以一对夫妻和一个小孩一家 3 口人为例，夫妻为两个劳动力，承包地为 6 亩，通过两季作物生产，扣除生产成本外，6 亩承包地按每亩一年纯收入 1500 元计算，全家 6 亩承包地一年可纯收入 9000 元。种植粮食作物空闲时间，经调查，主要是打零工、偶尔做点小买卖，可获得收入 4 万元，一年这两个劳动力的纯收入为 49000 元，他们的主要时间用在 6 亩地上，也就是不能专业打工，也不能专业做点买卖。而通过农村土地流转后，每亩承包地的纯收入为 600 元，6 亩承包地一年可获得纯收入 3600 元。除此之外，夫妻二人都可以外出打工。假定男劳动力获得的打工的工资纯收入为 35000 元，女劳力获得的打工的工资纯收入为 25000 元，全家全年纯收入可达 63600 元，土地流转前获得的纯收入为 49000 元，增收 14600 元。这

是简单到以每亩土地的户均纯收入来计算农地流转中介组织的经济绩效。

这是该村农户通过村委会流转土地获得的每亩土地上的户均收入为10600元，而土地流转之前的户均收入为8166元。

此外，通过村集体获得流转的土地种植大户在扣除各种成本为3000元，再扣除机会成本剩余为1000元后获得每亩土地户均纯收入为10000元。

村委会担当的农地流转中介组织能够确保流转土地的农户的土地流转收入不降低，也不拖欠，给流转土地的农户吃了定心丸，使他们安心打工。村委会对种植大户在农药化肥的使用上进行监管，确保地力不下降，从而确保了土地的生态效益。

在实地调研和问卷调查的基础上得出的村委会作为农地流转中介组织的综合绩效的各个指标的数值如下：

农地流转前后单位土地投入产出比变化率。这是反映土地使用增值情况的指标，一般用人民币元来表示。单位土地投入产出比在农村土地流转前和农村土地流转后是有很大的区别的。单位土地产出值的增加与减少影响因素是很多的。通过本书对青岛市广大农村的调查发现影响因素主要有以下两个方面：一是土地自身的因素，如土壤的改良情况；二是土地外部因素。这包括农业科技的投入情况、农业新品种的引进与推广情况、外部环境变化情况。这些因素都会对单位土地产出值产生影响。

本书主要考擦农村土地流转前和农村土地流转后上述两个因素对土地产出值的变化影响情况。农村土地流转前的情况是：农户个人经营自家的土地，在短时间内对自家的土地土壤的改良不会发生太大变化，对新科技的投入会有增加，但是很少。对新品种的引进与推广不会太快。对土地的外部环境的治理成效不大。总之，农村土地流转前农户自身对单位土地产出值的影响不是很大。但是农村土地流转后情况就会发生很大的变化：村委会作为农地流转中介组织来进行流转土地非常关注土壤的改良情况，密切关注农村土地流转后的土地实际利用情况。因此，在实践中能够把最新的土壤检测技术在本村进行推广，因为村委会与乡镇基层政府有着密切的联系，而流转后的土地大部分都是要进行规模化经营、产业化发展，就迫切需要对土壤进行彻底的改良。村委会和流转土地的经营者在农村土地土壤改良上二者不谋而合。在科技兴农、强农的大环境下，村委会作为基层政府在广大农村中的代言人会发挥自身优势大力宣传国家的科技兴农、强农的惠农政策，对土地流转后的经营者在科技的使用方面产生极大的影响。

在新品种的引进与推广方面，村委会能够发挥出自身的优势。因为村委会与广大的农户特别是土地流转后的经营者有着天然的联系，对流转土地的经营者在新品种的引进与推广方面产生了极大的影响。在外部环境方面村委会的影响力更大。搞好农村环境的治理是村委会义不容辞的责任。因此村委会作为农地流转中介组织来进行流转土地非常关注流转后的土地外部环境的变化情况。在实践中它会时时跟踪环境的变化情况。

因此，村委会作为农地流转中介组织来进行流转土地能够使得单位土地产出比发生很大的变化。通过实地访谈、调研以及问卷调查，经过大量数据计算后得出的单位土地流转后的产值为1000元，而单位土地流转前则为600元。

农地流转前后单位土地农机使用变化率。农业机械化是我国当前和今后一个时期现代农业发展的必然趋势。村委会在这方面有着独特的优势。特别是一些集体经济组织实力比较雄厚的村委会农业机械化的优势更加明显。因此，土地流转后比土地流转前农业机械使用情况的变化比较大。经过大量数据计算后得出的流转后单位土地机械使用为200元，而流转前则为150元。

每亩土地户均纯收入土地流转前后变化率。村委会作为农地流转中介组织能够帮助流转土地的农户尽快找到适合自己工资收入要求的工作。在实践中村委会不但能够保障农户的流转土地的收益，而且还能够使流转土地后的农户的工资性收入大幅度增加。经过大量数据计算后得出的流转后每亩土地户均纯收入为10600元，而农村土地流转前每亩土地户均纯收入则为8166元，参照的数值为2016年农村居民人均可支配收入17969元。

土地规模经营实现指数。实现土地规模化经营是现代农业的发展的必然要求在农村土地流转实践中村委会作为农地流转中介组织做出了巨大的贡献。特别是条块分割的村庄村委会的贡献更大。它能够在短时间内把零散的小块土地迅速地形成规模，这是村委会特有的优势。在假定流转土地总面积为100的情况下，经过大量数据计算后得出的流转后土地规模为90，而流转前则为70。

单位土地利用率变化指数。能否更好更多地利用土地使其产生更多的效益是现代农业、旅游农业、观光农业、休闲农业大发展的必然要求。村委会作为农地流转中介组织在这一方面能够协调各个方面的力量，从而增加土地的利用时间。经过大量数据计算后得出的流转后土地年均耕种时间为9（月），而流转前则为6（月）。

单位土地科技投入变化指数。在土地产出比变化情况已经有阐述。经过大量数据计算后得出的流转后科技投入为67，而流转前则为45。

单位土地劳动力投入率变化指数。农民能否充分就业是全面决胜小康社会的关键所在。村委会在实践中能够与土地后的经营者达成一致的协议：优先安排本村流转出土地的农民就业。因此，单位土地劳动力投入率变化指数的实质是农民在土地流转后充分就业情况的真实反映。农民能否充分就业直接关系到农村社会乃至整个中国社会的稳定与发展，是社会绩效最终的反映。因此，从整个角度看该指标是符合当前中国农村社会和谐发展的要求的。经过大量数据计算后得出的流转后经营单位土地所投入劳动力为11，而流转前则为8。

农户对农地流转中介组织的满意度。流转土地满意度的农户占该农地流转中介组织样本农户总数的百分比。经过大量数据计算后得出的农户对农地流转中介组织的满意度流转后175，流转前为145，总样本户为310。

农村恩格尔系数变化指数。这是一个综合的指标。经过大量数据计算后得出：流转后为36，流转前为40。

单位农地农药使用量指数。村委会作为农地流转中介组织在这一方面能够认真履行职责，加强对农药使用量的监管。经过大量数据计算后得出：流转后为37，流转前为44。

单位农地化肥使用量指数。村委会作为农地流转中介组织在这一方面能够认真履行职责，加强对化肥使用量的监管。经过大量数据计算后得出：流转后为170，流转前为231。

土地撂荒面积变化率。土地撂荒对农村生态的破坏很大。在农地流转中介组织综合绩效中的生态绩效就把土地撂荒面积变化率作为一个指标来衡量，如果撂荒面积剧增就会对生态产生极大的破坏。但是村委会作为农地流转中介组织由于自身工作的特点特别会关注土地撂荒面积变化情况。经过大量数据计算后得出：流转后为16，流转前为66。

总之，村委会作为农地流转中介组织在农地流转综合绩效评价中占据明显优势。

综合以上实地访谈和问卷调查的数据为科学准确计算农村集体经济组织（村委会）担当农地流转中介组织的综合绩效提供了依据。

1. 经济绩效

指标层	权重	流转前	流转后	单位	初始值	加权值
1. 农地流转前后单位土地投入产出比变化率	0.171	600	1000	元	66.7	11.4
2. 农地流转前后单位土地农机使用变化率	0.151	150	200	元	33.3	5.03
3. 每亩土地户均纯收入变化率	0.146	8166	10600（每亩土地户均纯收入）	元	29.8	4.35
4. 土地规模经营实现指数	0.183	70	90	亩（流转土地总面积100）	90	16.47
5. 单位土地利用率变化指数	0.173	6	9	月	50	8.65
6. 单位土地科技投入变化指数	0.176	45	67	元	48.9	8.6

经济绩效：54.5

说明：表中的具体计算为：

准则层绩效＝各个指标层加权值的总和

指标层加权值＝初始值×权重

初始值＝（流转后－流转前）/流转前

初始值也就是各个指标层

以下各表类同。

备注：土地流转经济绩效是多方面的：有流转土地农户，同时也有村委会自身，此表是一个综合的土地流转经济绩效。村委会自身的利益在即墨市的调研中体现得比较突出，如流转100亩土地，农户实际得到80亩的土地流转收入，其余20亩土地流转收入归村委会，所以村委会作为农地流转中介组织非常关注土地流转的经济效益。

2. 社会绩效

指标层	权重	流转前	流转后	单位	初始值	加权值
7. 单位土地劳动力投入率变化指数	0.367	8	11	劳动力数量	37.5	13.76
8. 农户对农地流转中介组织的满意度	0.336	145	175	户样本310	56.45	18.96
9. 农村恩格尔系数变化指数	0.297	40	36	%	10	2.97

社会绩效：35.69

备注：增加就业安排本村村民在土地受让方优先工作是村委会社会效益的直接体现，也是深得民心的一个重要原因。

3. 生态绩效

指标层	权重	流转前	流转后	单位	初始值	加权值
10. 单位农地农药使用量指数	0.298	44	37	元	15.9	4.74
11. 单位农地化肥使用量指数	0.359	231	170	元	26.4	9.48
12. 土地撂荒面积变化率	0.343	66	16	亩	75.7	25.96

生态绩效：40.18

备注：村委会的一个重要职责就是关注生态安全，因此，在土地流转中村委会更多地会关注农村土地流转中的生态效益。

村委会作为农地流转中介组织的综合绩效为：54.5 + 35.69 + 40.18 = 130.37

总结：村集体经济绩效：

一是具有天然的讨价能力，为流转土地的村民获取更多的流转收益。二是为流入土地方提供安全服务，使得土地流入方经济效益最大化。同时，村集体还可以收取适当的管理费用，从而增加集体收入。三是能够优先安排流转土地的村民在土地流入方打工，获取工资性收入，从而增加村民收入。

经济绩效显著从而产生很大的社会绩效。主要表现在以下三个方面：一是降低了农村恩格尔系数，使得农民的生活满意度增加，幸福指数增加；二是社会更加稳定，人人有工作，人人有收入，社会更加和谐；三是社会资源得到有效配置，特别是土地没有被浪费，即撂荒很少。

社会绩效的提高使得村委会代表广大村民更加关注生态环境，即生态绩效得到提高，对土地流入方经营的土地进行全方位的监管，主要表现在以下方面：一是生态环境得到更加改善，农药和化肥的使用量明显下降；二是土地利用更加科学，种植业和养殖业更加合理。

（二）农村土地流转服务中心的综合绩效

选择胶州市农村土地流转服务中心是因为胶州市镇农村土地流转服务中心是青岛市最早挂牌运行的镇农村土地流转服务中心，而且在青岛市有一定的代表性。

胶州市铺集镇沟里路村，有 160 户，共 590 人，土地 1150 亩。胶州市种植大户王经理通过镇农村土地流转服务中心获得该村土地 72 亩，主要种植：小麦、玉米、花生。其土地经营成本和收益情况：

2016 年种植花生、小麦、白菜、土豆、玉米、地瓜。花生亩产 870 斤，小麦亩产 1420 斤，白菜亩产 17000 多斤，玉米亩产 1767 斤，土豆亩产 8700 斤，地瓜亩产 8000 多斤。

通过镇农村土地流转服务中心流转土地的村民的经济收入如下：在胶州市铺集镇沟里路村通过实地调查，以一对夫妻和一个小孩一家 3 口人为例，夫妻为两个劳动力，承包地为 5 亩，通过两季作物生产，扣除生产成本外，5 亩承包地没有流转前自己耕种按每亩一年纯收入 1300 元计算，全家 5 亩承包地一年可纯收入 6500 元。种植粮食作物空闲时间，经调查，主要是打零工、偶尔做点小买卖，可获得收入 33500 元，一年这两个劳动力的纯收入为 40000 元，每亩地上的户均纯收入为 8000 元。他们的主要时间用在 5 亩地上，也就是不能专业打工，也不能专业做点买卖。而通过农村土地流转后，每亩承包地的纯收入为 500 元，5 亩承包地一年可获得纯收入 2500 元。除此之外，夫妻二人都可以外出打工。假定男劳动力获得的打工的工资纯收入为 32500 元，女劳力获得的打工的工资纯收入为 15000 元，全家全年纯收入可达 50000 元，每亩土地上的户均纯收入为 10000 元，而土地流转前获得的户均纯收入为 40000 元，增收 10000 元。这是简单到以每亩土地上的户均纯收入来计算农地流转中介组织的经济绩效。

这是该村农户通过镇土地流转服务中心流转土地获得的每亩土地上的户均纯收入为 10000 元，而土地流转之前的户均纯收入为 8000 元。

此外，通过镇土地流转服务中心获得流转的种植大户王经理在扣除各种成本为 3000 元，再扣除机会成本剩余为 1000 元后获得每亩土地纯收入为 11000 元。

尽管农村土地流转服务中心对种植大户王经理在农药化肥的使用上有一些进行监管，但是不如村委会担当农地流转中介组织那样的监督力度。此外，农村土地流转服务中心在确保流转土地的农户的土地流转收入不降低也不拖欠方面不是很积极，没有给流转土地的农户吃定心丸，使他们安心打工。一句话，农村土地流转服务中心担当的农地流转中介组织在涉及流转土地农户的切身利益方面不如村委会那么积极。其综合绩效的各个指标的数值如下：

农地流转前后单位土地投入产出比变化率。这是反映土地使用增值情况的指标，一般用人民币元来表示。单位土地投入产出比在农村土地流转前和农村土地流转后是有很大区别的。单位土地产出值的增加与减少影响因素很多。通过本书对青岛市广大农村的调查发现影响因素主要有以下两个方面：一是土地自身的因素，如土壤的改良情况；二是土地外部因素。这包括农业科技的投入情况、农业新品种的引进与推广情况、外部环境变化情况。这些因素都会对单位土地产出值产生影响。本书主要考察农村土地流转前和农村土地流转后上述两个因素对土地产出值的变化影响情况。农村土地流转前的情况是：农户个人经营自家的土地，在短时间内对自家的土地土壤的改良不会发生太大变化，对新科技的投入会有增加，但是很少。对新品种的引进与推广不会太快。对土地的外部环境的治理成效不大。总之，农村土地流转前农户自身对单位土地产出值的影响不是很大。但是农村土地流转后情况就会发生较大的变化：农村土地流转服务中心作为农地流转中介组织来进行流转土地在工作中比较关注土壤的改良情况，同时也关注农村土地流转后的土地实际利用情况。因此，在实践中能够把最新的土壤检测技术在所属的村庄进行推广，因为农村土地流转服务中心与乡镇基层政府也有着密切的关系，而土地流转到手的土地经营者基本上是要进行规模化经营、产业化发展，就迫切需要对土壤进行彻底的改良。农村土地流转服务中心虽然和流转土地的经营者没有直接的关联，但是在土壤改良上农村土地流转服务中心可以进行宏观上指导。在科技兴农、强农的大环境下，农村土地流转服务中心作为基层政府一个直接联系广大农村社会成员的职能机构能够发挥自身优势大力宣传国家的科技兴农、强农的惠农政策，对土地流转后的经营者在科技的使用方面产生极大的影响。在新品种的引进与推广方面，农村土地流转服务中心也能够发挥出自身的优势，对流转土地的经营者在新品种的引进与推广方面产生了极大的影响。在外部环境方面农村土地流转服务中心的影响力不是很大。虽然农村土地流转服务中心也关注农村环境的治理，也会跟踪环境的变化，但是它远离广大农村中心，在外部环境方面发挥的作用没有村委会大。但是作为农地流转中介组织来进行流转土地的农村土地流转服务中心在实践中也能够使得单位土地产出比发生很大的变化。通过实地访谈、调研以及问卷调查，经过大量数据计算后得出的单位土地流转后的产值为900元，而单位土地流转前则为700元。

农地流转前后单位土地农机使用变化率。农业机械化是我国当前和今后一个时期现代农业发展的必然趋势。农村土地流转服务中心在这方面也有一定的优势。特别是一些经济实力比较雄厚的乡镇农村土地流转服务中心农业机械化推广的优势更加明显。因此，土地流转后比土地流转前农业机械使用情况的变化也比较大。经过大量数据计算后得出的流转后单位土地机械使用为200元，而流转前则为160元。

每亩土地户均纯收入土地流转前后变化率。农村土地流转服务中心作为农地流转中介组织在帮助流转土地的农户尽快找到适合自己工资收入要求的工作方面相对于村委会来说作用不大。经过大量数据计算后得出的流转后每亩土地户均纯收入为10000元，而农村土地流转前每亩土地户均纯收入则为8000元，参照的数值为2016年，农村居民人均可支配收入17969元。

土地规模经营实现指数。实现土地规模化经营是现代农业的发展的必然要求在农村土地流转实践中农村土地流转服务中心作为农地流转中介组织有一定的贡献。但是在条块分割的村庄农村土地流转服务中心的贡献不是很大，因此，它不能够在短时间内把零散的小块土地迅速地形成规模。在假定流转土地总面积为100的情况下，经过大量数据计算后得出：流转后土地规模为80，而流转前则为 60。

单位土地利用率变化指数。能否更好更多地利用土地使其产生更多的效益是现代农业、旅游农业、观光农业、休闲农业大发展的必然要求。农村土地流转服务中心作为农地流转中介组织在这一方面在协调各个方面的力量、从而增加土地的利用时间有一定作用。经过大量数据计算后得出的流转后土地年均耕种时间为 8（月），而流转前则为 5（月）。

单位土地科技投入变化指数。在土地产出比变化情况已经有阐述。经过大量数据计算后得出：流转后科技投入为 56，流转前则为 40。

单位土地劳动力投入率变化指数。农民能否充分就业是全面决胜小康社会的关键所在。农村土地流转服务中心在实践中能够关注流转出土地的农民就业，也能够利用自身的优势来为广大农民介绍工作，实现就业。因此，单位土地劳动力投入率变化指数的实质是农民在土地流转后充分就业情况的真实反映。农民能否充分就业直接关系到农村社会乃至整个中国社会的稳定与发展，是社会绩效最终的反映。因此，从整个角度看该指标是符合当前中国农村社会和谐发展的要求的。经过大量数据计算后得出：流转后经营单位土地所投入劳动力为 9，而流转前则为 7。

农户对农地流转中介组织的满意度。流转土地满意度的农户占该农地流转中介组织样本农户总数的百分比。经过大量数据计算后得出：农户对农地流转中介组织的满意度流转后 156，流转前为125，总样本户为 310。

农村恩格尔系数变化指数。这是一个综合性的指标。经过大量数据计算后得出：流转后为 37，流转前为 40。

单位农地农药使用量指数。农村土地流转服务中心作为农地流转中介组织在这一方面也能够履行自己的职责，加强对农药使用量的监管。经过大量数据计算后得出：流转后为39，流转前为45。

单位农地化肥使用量指数。农村土地流转服务中心作为农地流转中介组织在这一方面也能够履行职责，加强对化肥使用量的监管。经过大量数据计算后得出：流转后为180，流转前为220。

土地撂荒面积变化率。土地撂荒对农村生态的破坏很大。在农地流转中介组织综合绩效中的生态绩效就把土地撂荒面积变化率作为一个指标来衡量，如果撂荒面积剧增就会对生态产生极大的破坏。但是农村土地流转服务中心由于自身工作的特点偶尔也会关注土地撂荒面积变化情况。经过大量数据计算后得出：流转后19，流转前为69。

总之，农村土地流转服务中心作为农地流转中介组织农地流转综合绩效评价中也占一定的优势。

以上实地访谈和问卷调查的数据为科学准确计算农村土地流转服务中心为农地流转中介组织的综合绩效提供依据。

1. 经济绩效、

指标层	权重	流转前	流转后	单位	初始值	加权值
1. 农地流转前后单位土地投入产出比变化率	0.171	700	900	元	28.6	4.9
2. 农地流转前后单位土地农机使用变化率	0.151	160	200	元	25	3.8
3. 每亩土地户均纯收入变化率	0.146	8000	10000（每亩土地户均纯收入）	元	25	3.65
4. 土地规模经营实现指数	0.183	60	80	亩（流转土地总面积100）	80	14.64
5. 单位土地利用率变化指数	0.173	5	8	月	60	8.65

续表

指标层	权重	流转前	流转后	单位	初始值	加权值
6. 单位土地科技投入变化指数	0.176	40	56	元	40	7.04

经济绩效：42.68

2. 社会绩效

指标层	权重	流转前	流转后	单位	初始值	加权值
7. 单位土地劳动力投入率变化指数	0.367	7	9	劳动力数量	28.6	10.5
8. 农户对土地流转中介组织的满意度	0.336	125	156	户样本310	50	16.8
9. 农村恩格尔系数变化指数	0.297	40	37	%	7.5	2.23

社会绩效：29.53

3. 生态绩效

指标层	权重	流转前	流转后	单位	初始值	加权值
10. 单位农地农药使用量指数	0.298	45	39	元	13.3	3.96
11. 单位农地化肥使用量指数	0.359	220	180	元	18.2	6.53
12. 土地撂荒面积变化率	0.343	69	19	亩	72.5	24.86

生态绩效：35.05

农村土地流转服务中心的综合绩效为：42.68 + 29.53 + 35.05 = 107.26

表中的具体计算为：

准则层绩效 = 各个指标层加权值的总和

指标层加权值 = 初始值 × 权重

初始值 = （流转后 − 流转前）/ 流转前

初始值也就是各个指标层

农村土地流转服务中心相对村委会来说综合绩效是低的，原因在于服务中心工作人员对土地流入方的监督不够，对土地流转双方的支持度也不够，从而导致在农村土地流转实践中经济绩效不如村委会高，社会绩效也不如村委会高，而生态绩效更不用说也是低的，这是因为土地流转工作与服务中心的工作人员虽然有一点点的相关利益联系，但是没有成为工作人员自身利益的一部分。

（三）农村产权交易中心的综合绩效

2014 年，平度市成立了农村产权交易中心，建立了农村产权流转交易网站，网上完成产权交易 431 笔，交易资金额 6840 万元。2014 年 5 月 23 日，在交易网站上看到，目前已发布流转交易信息 1000 余条。店子镇崔家村一农户在 2014 年 12 月，在流转交易网站上办理过土地流转，其有口粮田 4 亩，原先以 400 元每亩的价格租给别人耕种。将流转信息挂到网上后，以 450 元每亩的价格流转给本村种粮大户。

通过平度市成立的农村产权交易中心流转土地的村民的经济收入如下：在店子镇崔家村通过实地调查，以一对夫妻和一个小孩一家 3 口人为例，夫妻为两个劳动力，承包地为 4 亩，通过两季作物生产，扣除生产成本外，4 亩承包地没有流转前自己耕种按每亩一年纯收入 1500 元计算，全家 7 亩承包地一年可纯收入 6000 元。种植粮食作物空闲时间，经调查，主要是打零工、偶尔做点小买卖，可获得收入 25600 元，一年这两个劳动力的纯收入为 31600 元，每亩地的户均纯收入为 7900 元。他们的主要时间用在 4 亩地上，也就是不能专业打工，也不能专业做点买卖。而通过农村土地流转后，每亩承包地的纯收入为450元，4亩承包地一年可获得纯收入1800元。除此之外，夫妻二人都可以外出打工。假定男劳动力获得的打工的工资纯收入为20000元，女劳力获得的打工的工资纯收入为13400元，全家全年纯收入可达35200元，每亩地的户均纯收入为8800元，而土地流转前获得的户纯收入为31600元，增收3600元。这是简单到以每亩土地的户纯收入来计算农地流转中介组织的经济绩效。

这是该村农户通过农村产权交易中心流转土地获得的每亩土地上的户均纯收入为8800元，而土地流转之前的户均纯收入为7900元。

此外，通过农村产权交易中心获得流转的该村种植大户在扣除各种成本为2600元，再扣除机会成本剩余为1700元后获得每亩土地纯收入为9000元。

尽管农村产权交易中心在农药化肥的使用上有一些监管，但是不如村委会担当农地流转中介组织那样的监督力度。此外，农村产权交易中心在确保流转土地的农户的土地流转收入不降低也不拖欠方面没有任何积极性，没有给流转土地的农户吃上定心丸，使他们安心打工。一句话，农村产权交易中心担当的农地流转中介组织在涉及流转土地农户的切身利益方面既不如村委会那么积极，也不如镇农村土地流转服务中心的工作。

在实地调研和问卷调查的基础上得出的农村产权交易中心作为农地流转中介组织的综合绩效的各个指标的数值如下：

农地流转前后单位土地投入产出比变化率。这是反映土地使用增值情况的指标，一般用人民币元来表示。单位土地投入产出比在农村土地流转前和农村土地流转后是有很大的区别的。单位土地产出值的增加与减少影响因素是很多的。通过本书对青岛市广大农村的调查发现影响因素主要有以下两个方面：一是土地自身的因素，如土壤的改良情况；二是土地外部因素。这包括农业科技的投入情况、农业新品种的引进与推广情况、外部环境变化情况。这些因素都会对单位土地产出值产生影响。本书主要考察农村土地流转前和农村土地流转后上述两个因素对土地产出值的变化影响情况。农村土地流转前的情况是：农户个人经营自家的土地，在短时间内对自家的土地土壤的改良不会发生太大变化，对新科技的投入会有增加，但是很少；对新品种的引进与推广不会太快；对土地的外部环境的治理成效不大。总之，农村土地流转前农户自身对单位土地产出值的影响不是很大。但是农村土地流转后情况就会发生不是很大的变化：农村产权交易中心作为农地流转中介组织来进行流转土地一般不特别关注土壤的改良情况，也不密切关注农村土地流转后的土地实际利用情况。因此，在实践中基本上没能够把最新的土壤检测技术在广大农村进行推广。农村土地流转服务中心和流转土地的经营者在农村土地土壤改良上配合不是很默契。在科技兴农、强农的大环境下，农村产权交易中心作为基层政府的土地流转服务机构虽然也在广大农村中大力宣传国家的科技兴农、强农的惠农政策，但是对土地流转后的经营者在科技的使用方面影响不大。在新品种的引进与推广方面，农村产权交易中心没有太大的作用。因为农村产权交易中心与广大农户特别是土地流转后的经营者没有天然的联系，对流转土地的经营者在新品种的引进与推广方面没能产生极大的影响。在外部环境方面农村产权交易中心的影响力更不大。因此，农村产权交易中心作为农地流转中介组织来进行流转土地能够使得单位土地产出比发生的变化不是很大。通过实地访谈、调研以及问卷调查，经过大量数据计算后得出：单位土地流转后的产值为798元，而单位土地流转前则为650元。

农地流转前后单位土地农机使用变化率。农业机械化是我国当前和今后一个时期现代农业发展的必然趋势。农村产权交易中心在这方面优势不明显。因此，土地流转后比土地流转前农业机械使用情况的变化不是很大。经过大量数据计算后得出：流转后单位土地机械使用为 177 元，而流转前则为 141 元。

每亩土地户均纯收入土地流转前后变化率。农村产权交易中心作为农地流转中介组织一般不帮助流转土地的农户尽快找到适合自己工资收入要求的工作，对每亩土地户均纯收入土地流转前后的变化作用不明显。经过大量数据计算后得出：流转后每亩土地户均纯收入为 8800 元，而农村土地流转前每亩土地户均纯收入则为 7900 元。参照的数值为 2016 年农村居民人均可支配收入17969 元。

土地规模经营实现指数。实现土地规模化经营是现代农业的发展的必然要求在农村土地流转实践中村委会作为农地流转中介组织做出了巨大的贡献。特别是条块分割的村庄农村产权交易中心的贡献基本上不发挥作用。在假定流转土地总面积为 100 的情况下，经过大量数据计算后得出：流转后土地规模为 70，而流转前则为 45。

单位土地利用率变化指数。能否更好更多地利用土地使其产生更多的效益是现代农业、旅游农业、观光农业、休闲农业大发展的必然要求。农村产权交易中心作为农地流转中介组织在这一方面没能够协调各个方面的力量，从而达到增加土地利用时间的目的。经过大量数据计算后得出：流转后土地年均耕种时间为 6（月），而流转前则为 4（月）。

单位土地科技投入变化指数。在土地产出比变化情况已经有阐述。经过大量数据计算后得出：流转后科技投入为 55，而流转前则为 38。

单位土地劳动力投入率变化指数。农民能否充分就业是全面决胜小康社会的关键所在。农村产权交易中心在实践中一般不与流转土地后的经营者达成协议：优先安排流转出土地的农民就业。因此，在土地流转前后单位土地劳动力投入变化中农村产权交易中心作用不大。经过大量数据计算后得出：流转后经营单位土地所投入劳动力为7，而流转前则为6。

农户对农地流转中介组织的满意度。流转土地满意度的农户占该农地流转中介组织样本农户总数的百分比。经过大量数据计算后得出：农户对农地流转中介组织的满意度流转后166，流转前为115，总样本户为310。

农村恩格尔系数变化指数。这是一个综合性的指标。经过大量数据计算后得出：流转后38，流转前为40。

单位农地农药使用量指数。农村产权交易中心作为农地流转中介组织在这一方面一般不去对农药使用量进行监管。经过大量数据计算后得出：流转后39，流转前为46。

单位农地化肥使用量指数。农村产权交易中心作为农地流转中介组织在这一方面一般不去对化肥使用量进行监管。经过大量数据计算后得出：流转后177，流转前为213。

土地撂荒面积变化率。土地撂荒对农村生态的破坏很大。在农地流转中介组织综合绩效中的生态绩效考核，就把土地撂荒面积变化率作为一个指标来衡量，如果撂荒面积剧增就会对生态产生极大的破坏。但是农村产权交易中心由于自身工作的特点不去关注土地撂荒面积变化情况。经过大量数据计算后得出：流转后36，流转前为70。

总之，农村土地流转服务中心作为农地流转中介组织农地流转综合绩效评价中不占优势。

综合以上实地访谈和问卷调查的数据为科学准确计算农村产权交易中心为农地流转中介组织的综合绩效提供依据。

1. 经济绩效

指标层	权重	流转前	流转后	单位	初始值	加权值
1. 农地流转前后单位土地投入产出比变化率	0.171	650	798	元	22.8	3.9
2. 农地流转前后单位土地农机使用变化率	0.151	141	177	元	25.5	3.85
3. 每亩土地户均纯收入变化率	0.146	7900	8800（每亩土地户均纯收入）	元	11.4	1.66
4. 土地规模经营实现指数	0.183	45	70	亩（流转土地总面积100）	70	12.81
5. 单位土地利用率变化指数	0.173	4	6	月	50	8.65
6. 单位土地科技投入变化指数	0.176	38	55	元	45	7.92

经济绩效：38.79

2. 社会绩效

指标层	权重	流转前	流转后	单位	初始值	加权值
7. 单位土地劳动力投入率变化指数	0.367	6	7	劳动力数量	16.7	6.13
8. 农户对土地流转中介组织的满意度	0.336	115	166	户样本310	54	18.14
9. 农村恩格尔系数变化指数	0.297	40	38	%	5	1.49

社会绩效：25.76

3. 生态绩效

指标层	权重	流转前	流转后	单位	初始值	加权值
10. 单位农地农药使用量指数	0.298	46	39	元	15.2	4.53
11. 单位农地化肥使用量指数	0.359	213	177	元	16.9	6.07
12. 土地撂荒面积变化率	0.343	70	36	亩	48.6	16.67

生态绩效：27.27

农村产权交易中心的综合绩效为：38.79 + 25.76 + 27.27 = 91.82

表中的具体计算为：

准则层绩效 = 各个指标层加权值的总和

指标层加权值 = 初始值 × 权重

初始值 = （流转后 – 流转前）/流转前

初始值也就是各个指标层。

农村产权交易中心的综合绩效最低。主要原因是完全市场化的中介组织没有也不可能去关注农村土地流转本身的这一农地流转中介组织效益，而仅仅是工作层面的。因此，在实践中没有监督农村土地流转后的土地使用和对农村土地流入方的支持从而导致农村产权交易中心的综合绩效最低。

五、农地流转中介组织综合绩效评价的结果以及各自优势

综合绩效评价的结果为村集体经济组织（村委会）的综合绩效为130.37，农村土地流转服务中心的综合绩效为107.26，农村产权交易中心的综合绩效为91.82。可以看出与广大村民有密切利益关系的村集体经济组织也就是村委会担当的农地流转中介组织综合绩效为130.37，排在第一位；排在第二位的是与广大村民利益联系不紧

密的农村土地流转服务中心；排在最后一位的是与广大村民没有任何利益联系的农村产权交易中心。通过综合绩效评价可以看出这三种不同类型的农地流转中介组织各有其优势。

（一）村集体经济组织（村委会）

《中华人民共和国村民委员会组织法》第二条规定："村委会是村民自我管理、自我教育、自我服务的基层群众性自治组织。实行民主选举、民主决策、民主管理、民主监督。"[32]因此，村委会是农村的群众性自治组织，特别强调的是自我管理、自我服务的组织，尤其还是群众信任度比较高的组织。面对农村土地流转这一难题，村委会转化自己的角色，由群众性自治组织转化为一个新的角色——担当起农地流转中介组织的角色。尽管农村土地流转也是有合同的，但是没有过多烦琐的农村土地流转手续。村委会组成人员在广大农民中的威望较高，而农地流转中介组织一般成员都是村委会组成人员或者村里的能人，他们在村里的威望比较高，农民对其信赖度高。

（二）农村土地流转服务中心

作为非营利性的农地流转中介组织——农村土地流转服务中心是由县乡两级政府投资成立的，无须增加农村土地出让方和土地受让方的费用，它能够站在农村土地流转中立者的立场上提供准确的农村土地流转交易信息。在农村土地流转实践中农村土地流转服务中心它不是运动员，而是典型的裁判员，其原因有三点：一是能够站在公正的立场上主持公道，它没有自己的切身利益；二是协调能力强；三是政策解读得到位。

（三）完全市场化的农村产权交易中心

完全市场化的农村产权交易中心因为其完全市场化的定位在农村土地流转实践中没有任何人情关系的阻碍，从而使农村土地流转需求方与流入方双方只要懂电脑就可以完成农村土地流转的前期工作，在实践中双方基本上是在网上办理农村土地流转事宜。

六、农地流转中介组织综合绩效评价结果的原因分析

（一）村委会作为农村土地流转最为重要的而且得到广大农户欢迎的农地流转中介组织的综合绩效最高，第一个原因村委会是多个职能的叠合。通过实地调查发现村委会不单单是一个农地流转中介组织，而且是一个监督组织，同时还是一个管理组织，是多个职能的叠合。首先是经济利益，这在实践中表现得非常突出，如同一块土地，农户自己流转，不仅价格低廉，而且低价格的收入还没有保障，而改由村委会流转，不仅价格高，而且高价格的收入还有保障。这是因为村委会不仅仅是多个职能的叠合，还与当地政府，特别是在青岛市与乡镇政府的关系密切，突出表现在日常工作中它直接成为乡镇政府的代理机构，代行乡镇政府有关部门执行乡镇政府在农村中的有关决定，如精神文明建设、环境卫生整治、精准扶贫项目的实施等。同时，虽然它不是乡镇政府的下属机构或派出机构，但是它又是乡镇政府在农村中的代言人，如配合政府宣传贯彻党的路线方针政策。这种代理机构和代言人的双重身份使得村委会在农村土地流转中发挥的作用是一般农户无法比拟的，如有较强的谈判能力、化解矛盾的能力，特别是在处理农村土地流转中出现的各种纠纷中表现得尤为明显。村委会深得当地农民的普遍认同，这是村委会作为农地流转中介组织综合绩效最高的第二个原因，这也是青岛市农村土地流转中的一大亮点。当然不排除个别地方，如黄岛区胜利村的情况，但它只是一个个案。通过大量实地调查发现大多数当地农民对本村村委会的信任度比较高，这也是下一步青岛市农村土地流转的走势，即发展壮大村委会，让村委会这一农地流转中介组织发展得更快更大，这也是本课题的一大研究成果。

（二）排在第二位的是农村土地流转服务中心。在青岛市它基本

上是由当地政府举办的，但是仍有农村人员的影子，如村里的信息员，还能在一定程度上去关注农村土地流转的绩效，与广大村民还有一点点利益联系，但是它与村委会相比有一定的差距，主要是与农村土地流转双方直接打交道的比较少，官方性质比较重，应付农村土地流转工作的情况比较多。

（三）排在第三位的是农村产权交易中心。基本上没有农村人员的影子，就连中心的工作人员都属于官方的，这纯粹是工作性质的，与广大村民没有任何利益联系，在农村土地流转的实践中农村产权交易中心正是基于完全市场化的定位，它不去关心农地流转中介组织的绩效，所以以农村产权交易中心为农地流转中介组织的综合绩效最低。

小结：由此可见，越是市场化的农地流转中介组织在青岛市的农村土地流转中综合绩效最低。这说明完全市场化的农地流转中介组织在青岛市农村土地流转实践中没有占主导地位。目前在青岛市主要的农地流转中介组织为集体经济组织（村委会），它与政府有着密切的关系。其次为政府举办的农村土地流转服务中心，政治色彩非常浓厚。最后是虽然是市场化的农村产权交易中心，但是也与政府有着密切关系。总之，目前青岛市的农地流转中介组织没有完全市场化，没能体现市场经济的主体地位，这也是青岛市农地流转中介组织今后发展的方向。这一结论不是对市场经济主体地位的否定，而是说明农村土地流转不是一般的简单的商品交易，而是难度极高的不动产的产权交易，它涉及多个利益相关者，如所有者、承包者、经营者、监督者和管理者，因此多个利益相关者都参与交易，关联度越密切，其综合绩效最高。而单凭市场化的产权交易中心形成的少数利益相关者参与交易，其综合绩效最低。这也是本课题的另一研究成果。

把村委会作为青岛市农村土地流转中最大的最主要的农地流转中介组织是通过本课题的艰辛研究得出的结论，这与中国人民大学的一项研究成果是吻合的，是青岛市农村社会转型，即由传统社会向现代社会转变的必经之路，也是青岛市农地流转中介组织进一步发展的一大趋势。

　　当然在实践中也不能忽视市场化的产权交易中心的发展，同时更不能忽视政府性质的农村土地流转服务中心的发展。但是在确立市场经济主体地位的今天绝对不能把所有的商品交易完全市场化，特别是农村土地流转外在表现的土地经营权这种特殊的产权交易更不能完全交给市场。这一结论与一些研究者的观点不同，这说明青岛市农村土地流转有其自身的特点，特别是青岛市的区域性特色更应该引起青岛市各级政府以及相关职能部门的高度重视。

第九章　农地流转中介组织综合绩效评价中发现的问题

一、共性问题

通过大量调查和实证分析发现青岛市农地流转中介组织存在以下共性问题：

1. 青岛市农地流转中介组织发展不平衡不充分的问题。青岛市农地流转中介组织从总体上看处于发展成熟阶段，但是由于各个县市区经济社会发展不平衡不充分的问题，农地流转中介组织也同样存在发展不平衡不充分的问题。一些地方还没有正规的农地流转中介组织，发展得很不充分，而一些地方的农地流转中介组织发展得很好，从而导致整个青岛市农地流转中介组织发展不平衡，这是通过大量调查得出的结论。

2. 青岛市农地流转中介组织的发展环境不优越。环境的优劣对农地流转中介组织发展产生直接的影响。本书调查发现青岛市越是落后的县（市）区其农地流转中介组织发展环境不优越，而越是靠近青岛市区的县市区农地流转中介组织发展环境反而优越。

3. 农地流转中介组织的性质不明确和市场经济主体地位体现不充分。在农地流转中介组织活跃的县（市）区不仅流转土地的农户不是很清楚农地流转中介组织的性质，就连村委会和农村土地流转服务中心的工作人员以及农村产权交易中心的工作人员也不是很清楚农地流转中介组织的性质的，从而无法确保其市场经济的主体地位。

4. 青岛市对农地流转中介组织政策支持和税收优惠以及财政补贴不充分。从调查的情况来看青岛市对农地流转的政策支持是很大的，尤其是对合作社、家庭农场以及种养殖大户的财政、金融支持比较大，同时给予税收优惠。但是，青岛市对农地流转中介组织政策支持和税收优惠以及财政补贴不充分。这一点在今后的土地流转工作中应当引起足够的重视。

二、个性问题

（一）村委会存在的问题

1. 村委会在农村土地流转问题上存在短期行为

在实地调查中发现有一些村委会组成人员因其任期较短（按照中华人民共和国村民委员会《组织法》的规定村委会每届任期为 3 年）在农村土地流转问题上出现了应付工作的情况，干好干坏一个样，干多干少一个样，使得部分村庄的农村土地流转工作停滞不前，大大影响了青岛市农业规模化经营、产业化发展。

2. 村委会组成人员对农村土地流转的政策法规把握不准

村委会代行村集体经济组织作为农地流转中介组织其成员大多数为农村村委会组成成员和部分农民精英，他们对国家关于农村土地流转的政策法规有一定的了解，有的掌握得比较好。但是由于法律法规比较多，这些村委会组成人员由于自身因素有时对专业的农村土地流转法律法规把握得不准，从而影响了农地流转中介组织工作的顺利进行。在调研中发现很多村委会组成人员对于农村土地所有权的归属存在异议，这大大影响了农村土地流转的进程。这是典型的对国家有关的农村土地政策和法规把握不准的现象。目前关于这个问题有三种看法：一是农村土地所有权归国家所有，由政府掌控；二是农村土地所有权归集体所有，由村委会掌控；三是农村土地所有权归农户所有，由农民掌控。关于这个问题许许多多的国家政策和法律法规都有明确的规定。这是农村土地流转中出现的难以回避的现实的尖锐的问题，就需要专业的精通这一方面的政策法律法规的人员来担当，而目前的村委会组成人员完全胜任这一角色困难重重。

3. 村委会组成人员整体上来看素质不高

村委会代行村集体经济组织作为农地流转中介组织其成员大多数为本村村民，文化水平大多数为初中，个别为小学和高中，大学几乎没有。如来自于三个行政村村委会组成人员的调查显示莱西、即墨、平度的村委会组成人员多数为初中以上文化水平。而专门从事过农村土地流转的人员也不多，在市场经济大潮中尽管经过捶打，但是专业化程度不高，这一切表明他们的综合素质不高，很难驾驭专业性市场化的农村土地流转。

4. 村委会有时侵害农民的利益

村委会代行村集体经济组织作为农地流转中介组织在农村土地流转中有时充当了"裁判员"和"运动员"双重角色，农村土地流转往往因领导者的价值理念而失去应有的效率与公平，从而侵害了农民的利益。如青岛市黄岛区胜利村村委会把全村千余亩土地流转给了青岛隆耀置业有限公司[33]，产生了诸多的利益纠纷，没有很好地保护该村农民的利益。这对于村委会担当农地流转中介组织影响很大，更不用说其综合绩效的发挥了。当然这只是个案，但是在农村土地流转实践中应当引起高度重视。

（二）农村土地流转服务中心存在的问题

1. 独立性不强

青岛市农村土地流转服务中心基本上是政府部门下属的事业单位，它紧紧围绕着政府关于农村土地流转的行为主张开展工作，缺乏独立性。换句话来说，农村土地流转服务中心没有独立的工作思路，它更多的是关注政府的利益，尤其是政府的政绩行为，从而在实践中就有可能忽视农村土流转的主体——农户的利益。因为目前阶段在农村土地流转的实践中政府的价值取向与农户的利益诉求相差其远。

2. 市场敏感度不高

农村土地流转从根本上来说是一种市场行为，应当对其市场有高度的敏感度。换话来说，只要市场有一点点变化，就应当能够感觉到。由于农村土地流转服务中心缺乏独立性，从而导致其对市场的敏感度不高。因此，市场的变化对其工作的影响力不大，工作基本上处于市场的被动状态，很难发挥其应有的价值。

3. 专门人才缺乏

农村土地流转服务中心的工作人员大多数是政府机关的事业单位的人员，而且在调查中发现大多数是兼职人员，因为不是专门人才，就不能随时解决因土地流转市场变化而出现的各种疑难问题，大大影响了农村土地流转的进程。

（三）农村产权交易中心存在的问题

1. 完全市场化的农村产权交易中心并没有完全市场化

从青岛市的调查可以看出绝大多数农村产权交易中心都是由政府举办的，其工作人员也是政府有关部门的人员，因而其本质上就是政府下设的一个工作机构，这与农村土地流转市场化的要求相差甚远。

2. 覆盖面比较窄

目前青岛市的农村产权交易中心只是在部分市区设立，并没有全覆盖，尤其是广大农村，导致很多村庄的农村土地流转仍然是传统的私下交易。

3. 维护农民利益不足

由于是政府举办的，因此工作人员的工作重点不是为了农民的利益而工作，而是为了政府政绩的亮点的最大化在工作。因此，对农民因农村土地流转而产生利益诉求关注较少，在实践中不能有效地维护农民的利益。

4. 尽管农村产权交易中心在工作中严格信息的筛选，但是仍然存在虚假信息发布情况，严重干扰了农村土地流转的顺利进行。

5. 产权交易的地方法规不健全，使得众多农户不敢在农村产权交易中心进行农村土地流转经营权交易。

第十章　成功经验借鉴

一、国外农地流转中介组织运行的成功经验

1. 日本

日本虽然是人多地少资源匮乏的国家，但是在日本也进行农村土地流转。在日本农村土地流转要顺利实现，必须具备三个条件：一是清晰的农村土地产权；二是完善的农村劳动市场；三是农地流转中介组织的存在。而农地流转中介组织的主要任务体现在以下两个方面：一是为农村土地的租赁和买卖双方提供便利条件；二是为不同区域流转土地的农户提供服务。各种各样的合作经济组织也参与到农村土地流转中来，从而促进农村土地快速流转。这些合作经济组织的主要任务就是为广大农民在农村土地流转过程中无偿地提供政策咨询与信用担保，帮助广大农民签订农村土地流转合同，从而顺利实现农村土地流转。

2. 美国

美国是世界上农业最为发达的国家之一，其主要特点就是农业的市场化程度高。因此，在美国，土地作为商品可以进行自由交换，但作为资源，土地必须是有偿使用的，这是发达的市场经济的外在体现。在发达的市场经济运行中土地交易流程非常透明，交易过程非常简单，交易结果非常有保障。因为土地流转所有的过程都是按照既定的法律程序来进行的，基本上是不需要土地流转中介组织的，其市场本身就能够自由实现土地流转所需要的各种条件。但是，在美国也确实存在着土地流转中介组织的，它的主要任务是提供专业化的服务。在美国设立专门的资金如土地发展权转移银行来推动农村土地流转。土地发展权转移银行的主要职责就是确保土地的稳定性。

3. 法国

在法国，作为农村土地流转的中介组织是由法国政府官员和农业行业代表组成的法国土地整治与农村安置公司。该公司是受政府控制的不以盈利为目的的股份公司。该股份公司的股东是由法国各省的农业行业组织组成的。该股份公司运营的资金主要来源于法国政府的公共财政资金以及法国各地区农业信贷银行的低息贷款。该公司作为主要的农地流转中介组织，其主任务就是收购在农业规模化经营竞争过程中基础设施比较差的中小农场，在吸收政府投资改造后流转给有需要土地的农民，其目的是稳定全国的地价，从而保证农业生产的平稳发展。

二、国内农地流转中介组织运行的成功经验

1. 泰安市高度重视农村土地流转服务中心建设

一般情况下农村土地流转服务中心与农村土地流转双方直接打交道的比较少，官方性质比较重，即应付农村土地流转工作的情况比较多。但是泰安市政府则不一样。在农村土地流转实践中除了加强农村土地流转服务中心的常规建设外，要求农村土地流转服务中心的工作人员不能待在办公室里，应付农村土地流转工作，而是主动出击，全面系统地掌握全市农村土地流转的基本情况。具体做法如下：一是农村土地流转服务中心工作人员深入到农村土地流转第

一线，准确掌握农村土地流转需求方与转出方的内在要求等各个方面的信息，及时地在农村土地流转服务中心经过科学处理后进行发布；二是政府相关部门加大对农村土地流转服务中心工作人员的培训力度，使其及时准确无误地掌握国家层面有关农村土地流转的各项政策法律法规，从而提升其农村土地流转工作水平，更好地为农村土地流转双方服务，因为农村土地流转服务中心不仅仅是信息的提供者和发布者，也扮演着政策法律法规的解释者和问题的答疑者等角色，从而提升政府在广大农户中的正能量，加速农村土地流转的步伐。

2. 东营：村委会担当起全能型农地流转中介组织

东营市在全市范围内广泛扶持农民专业合作社、种植大户以及各类龙头企业，在农村土地中进行规模化经营产业化发展。要做到成效就必须进行农村土地流转。而在农村土地流转中，东营市村委会担当起全能型农地流转中介组织。在实践中农地流转中介组织有两类：一类是普通的农地流转中介组织，只是中介；另一类则是全能型农地流转中介组织。它不仅仅是中介，而且更多的是关注农村土地流转的实际利用。在一般人看来村委会是个群众性的自治组织，不应当成为中介组织尤其是农地流转中介组织。但是在东营市则不一样。村委会作为农地流转中介组织不仅仅是普通的中介，而且是全能型的中介组织。在实际工作中这种全能型中介组织主要体现在以下几个方面：一是村委会反租本村村民的承包地流转给需要土地的农民专业合作社、种植大户以及各类龙头企业。这样就大大节省了农村土地流转的交易成本，因为村民对村委会的信任认可，所以把土地交给村委会来流转村民比较放心。二是为了提高土地的租金，村委会广泛利用自身的优势利用土地招商引资。这样做既提高了土地的租金，又解决了流转出土地的农民的就业问题，产生了极大的经济效益和社会效益。三是对流转的土地的使用进行全程监督，以防止土地使用者破坏生态环境，产生了客观的生态效益。由此可见，村委会作为农地流转中介组织在农村土地流转中实现了土地流转的经济效益、社会效益和生态效益全覆盖，对推动东营市的现代农业规模化经营、产业化发展提供了坚实的土地保障。

3. 福建省德化县农村产权交易中心提供"一站式"中介服务

成立于2014年5月的德化县农村产权交易中心为农村土地流转出让方和受让方提供无缝隙中介服务。该产权交易中心对土地出让方提供的土地流转信息经过严格审核后通过该中心网站对外发布。而土地流转受让方能够在第一时间内获取通过该中心网站发布的土地流转信息，如项目位置、类别、挂牌时限、流转期限等信息，如有诚意就可以与发布方联系。如果成交，该产权交易中心出具产权交易证书。此外，受让方也可以在该中心发布需求信息。该产权交易中心的建立为农村土地流转双方提供了"一站式"中介服务。其主要的特征就是专业化人才提供的专业化服务。

第十一章 优化推进对策建议

本书研究表明青岛市不同的农地流转中介组织由经济绩效、社会绩效、生态绩效形成的综合绩效在农村土地流转实践中呈现出村委会、农村土地流转服务中心、农村产权交易中心这个综合绩效高低的顺序。但是本书研究还表明村委会、农村土地流转服务中心、农村产权交易中心这三种农地流转中介组织都有其优势和劣势，同时并存于青岛市农村土地流转的实践中。为此，在实践中结合青岛市农村土地流转的实际情况对这三种不同类型的农地流转中介组织优化推进提出以下对策建议：

一、共性方面

1. 要切实解决农地流转中介组织发展不充分不平衡的问题。农村土地承包经营权流转行为是一种民事行为，政府在这些行为中主要是管理、服务和监督，真正要使土地流转发展壮大起来，还需引导扶持壮大中介组织，这样才能真正激发起土地流转的强大活力。在土地流转市场中，中介组织能够为土地供求双方提供有效的市场信息和相应的技术服务，是连接农户与市场的桥梁和纽带。土地流转中介组织可以使土地从小范围流转扩大到大范围流转、克服相对量过小的弊端；可以使土地流转从临时性、个案性转变为经常性、整体性流转，适应农民在不同季节对土地流转的要求。完善的中介组织是推进农村土地顺利流转的重要因素。作为土地流转市场土地供需双方的纽带，中介组织贯穿着土地流转的整个过程。在土地流转前，中介组织通过建立信息服务平台及时汇集和发布流转土地的供需有关信息，可以利用其专业的优势进行土地价值评估和提供法律指导服务等。在调研中，发现农民对土地流转中介组织的需求很高，因此，必须积极培育农村土地流转中介组织，推进农村土地顺利流转。农地流转中介组织的建立与规范将会有利农村土地承包经营权的有序流转，扩大农村土地流转的范围。在实践中在农地流转中介组织发展落后的地区，也就是农地流转中介组织发展不充分的县（市）区可尝试建立相应的农村土地承包经营权流转市场信息、咨询等中介服务机构，再逐步发展农村土地承包经营权流转的经营机构、评估机构、保险机构等，从而发展到完整的农地流转中介组织，以此解决农地流转中介组织发展不充分的问题。对于已经在农村发展起来的农地流转中介组织，要通过政策引导鼓励其发展壮大，为落后地区农地流转中介组织的快速发展提供强有力的模式支持。积极促进城市中的中介服务组织向农村扩展业务，使得城乡农地流转中介组织同步发展，从而解决农地流转中介组织发展不平衡的问题。

2. 要改善农地流转中介组织的发展环境。一是应逐步制定和完善系统的法律法规体系，保障中介组织的合法地位和权益，并规范中介组织的经营和运作，从而使农地流转中介组织有一个良好的法律发展环境；二是要保持中介组织的独立性，优化组织结构，减少政府的行政干预，从而使农地流转中介组织有一个良好的空间发展环境；三是依托强而有力的信息网络平台，加强中介组织自身的建设，不断提升自身土地测量评估、估价、土地合同管理，以及提供相关法律咨询等方面的业务能力，从而使农地流转中介组织有一个自身充分发展的环境。

3. 要明确农地流转中介组织的性质和规范其市场经济主体地位。在实践中要做到以下两点：一是要明确农地流转中介组织的性质。农地流转中介组织应是一种为农户服务的社会组织，不能办成行政部门的职能机构。这种社会组织可以是营利性的，也可以是非营利性的。在农地的供给主体和需求主体之间起媒介和桥梁作用，形成"土地流出——中介组织——土地流入"的机制，使土地流转操作更加规范，保护农民合法的权益。二是在实践中要把农地流转中介组织定位为一个独立的市场经济主体。它是土地流转市场的重要组成部分，是政府、村委会管理土地的市场协助者。它依据国家法律、法规和相关政策从事相关活动，其服务内容是提供土地流转信息传导与预测、咨询、谈判、土地流转价格评估等相关活动。按照市场供求关系合理确定农村土地承包经营权流转价格标准、土地承包经营权流转程序、指导办理流转手续、协调各方关系，做好流转后的跟踪服务等，促进土地的有序流转。

4. 青岛市各级政府要积极引导农地流转中介组织参与土地流转，给其发展提供政策支持和税收优惠以及财政补贴。各级政府必须出台农地流转中介组织条例，规范农地流转中介组织的功能与职责，制定执业人员标准，对农村土地流转中介组织实行资质年审，根据其业绩、声誉、服务质量、违法违规等指标进行考核。对考核不合格的中介组织取消其市场主体资格。此外，中介组织自身要不断提升业务能力水平，强化法律意识，提高道德诚信水准，全面提高中介组织的服务水平。

二、个性方面

（一）村委会方面

在农村土地流转实践中要确保村委会这一广大村民非常信任的

农地流转中介组织在农村土地流转中发挥其应有的作用，在实践中要做到以下几点：

1. 连选连任三届村委会成员就可以享受终生村委会成员待遇。村委会在农村土地流转中要扮演好农地流转中介组织这一全新的角色就必须发展壮大。村委会的发展壮大关键在村委会组成人员的人选。在实践中一定要考虑村委会组成人员的任职时间问题。任职三年一届时间太短，容易出现早捞现象，即一上台就开始为自己的利益捞好处，捞完就下台，根本顾不上农村土地流转工作，群众反映强烈。任职二届，虽有工作规划，但没来得及完成就下台。只有任职三届9年工作规划基本上就可以完成。而超过三届就容易出现卖老现象，工作积极性下降。在农村土地流转这一棘手的问题上也是如此。时间太短没有干劲，时间太长容易出现干劲不足的问题。

2. 村委会组成人员的人选不能以票数高低来决定，要从综合素质的角度来考虑。这就要求在实践中对村委会组成人员的选举条件要求更高，除了本人的信任度外，自身条件不能缺，如学历、经历、特长，尤其是驾驭市场经济的能力，要在选举中得到充分体现，而不能简单地以票数多少来决定村委会组成人员的人选，这也是本课题的最新研究成果。当前多数村庄的村委会组成人员的选举结果基本上是以票数多少来决定的。这样的选举很容易产生贿选问题，更容易出现拉票现象。而本课题提出的从多个角度进行村委会组成人员的选举，如设计选举权重，即学历5%、经历35%、特长5%、家庭和谐情况（包括是否孝敬老人等）15%、驾驭市场经济的能力30%，以及是否维护农民利益10%等方面。选民按照这个权重对候选人进行综合评价，以决定村委会组成人员人选。

3. 村委会组成人员人选范围要扩大。要跳出本村村民，应当面向整个社会进行村委会组成人员的海选。把精通农村土地流转相关法律政策法规的人员和全面熟悉农村政务事情的人员作为村委会组成人员优先考虑的人选。当然，在同等条件下本村村民优选。这样的建议有助于加快修改村民委员会组织法，全面提升村委会质量建设。

4. 要加大对现有村委会组成人员的培训力度。村委会组成人员一旦被选上没有特殊理由是不能随便让其下台的。按照《中华人民共和国村民委员会组织法》的规定，村委会不能保障村民合法权益情形的出现，必须有本村 1/5 以上的有选举权的村民或者 1/3 以上的村民代表可以以现行村委会侵害村民的利益为由联名提出罢免村民委员会成员的要求。并且必须是本村有选举权的选民过半数投票，并且过半数投票村民赞成才可以罢免村委员成员，另行选举新的村委会。所以罢免村委会这个程序的启动是非常麻烦的。在实践中应当加大对其组成人员的培训力度。这些培训重点是有关农村土地方面的法律法规和政策，以及村民自治方面的一些主要规定，特别要明确村委会的本质特征是服务、执行、管理、调节。在实践中只要牢牢把握村委会的本质特征在农村土地流转问题上，村委会就会扮演好农地流转中介组织这一全新的角色。

5. 村委会要把保护村民的利益放在农村土地流转工作的首位。村委会是群众性的自治组织，其主要职能是执行村民会议的决定，实现村庄社会的自我管理、自我教育、自我服务，办理本村的公共事务和公益事业，一句话就是为广大村民服务的，其成员也是村民选举出来的。但是村委会在实际运行中扮演了多个角色，如所有者角色（农村集体土地的所有权人）、管理者角色（管理本村属于村农民集体所有的土地和其他财产）、代理者角色（双重代理者——代表农民的利益和代行乡镇政府赋予的某些行政职能）、中介组织角色（农村土地承包经营权流转中介组织）。这些角色在农村土地流转实践中一旦发生冲突，就会出现村委会侵害村民的利益。因此，在实际工作中，村委会要始终把代表广大村民的利益放在农村土地流转工作的首位，成为农村土地流转工作的重中之重。

（二）农村土地流转服务中心方面

1. 农村土地流转服务中心要尽快地从政府举办走向市场化，成为真正的独立的农地流转中介组织，这就要求在实践中把农村土地流转服务中心从事业单位走向企业单位，从官办走向民营，从而充分体现出提供专业化服务的中介机构的特点。

2. 增强其营利性。任何中介组织没有营利就没有市场敏感度，也就没有工作的积极性。作为农村土地流转服务中心也是如此。没有营利的中介组织就没有压力和动力，缺乏市场敏感度，工作就会出现应付现象。

3. 要加快农村土地流转服务中心人才队伍建设，从外行走向内行。要求在农村土地流转服务中心工作的工作人员必须是非常熟悉农村土地流转方面的专业人才，而不是随便的工作人员来兼职。

（三）农村产权交易中心方面

1. 在实践中要加强完善市场交易的法律法规，尤其是农村土地流转这一特殊的商品交易的法律法规。市场经济是法治经济，只有法律法规的健全才能是真正意义上的市场经济。

2. 要加强市场交易的诚信建设。如对提供虚假的农村土地流转市场信息人员要进入诚信黑名单，情节严重的要坚决从市场交易体系中清理出去，以纯洁农村产权交易市场。

3. 要加速建立健全覆盖整个青岛市农村土地流转的平台，为农村土地流转提供全方位的服务。首先交易中心要实行全覆盖。主要是要覆盖到整个农村，使广大农民足不出户，就能够实现农村产权交易，特别是土地流转经营权交易。其次产权交易中心要始终关注广大农民的利益，真正成为为农民利益服务的现代化的农村土地产权交易中心。

4. 要坚决杜绝市场交易的滞后性。为确保市场交易的安全，在实践中要设定市场准入制度，如有不良记录的人员一律不得进入市场交易。要加强市场交易的透明度，确保市场交易的公开、公平和公正，从而杜绝市场交易的滞后性。

5. 要加强市场交易的监督管理，维护农民的利益。对干扰市场交易顺利进行的人员，要坚决依法打击，对违反市场交易法则的人员要坚决及时处理，以确保市场交易的顺利进行。

结　论

　　农地流转中介组织综合绩效体现于经济、社会、生态三个方面。本书大量的实证分析得出的研究结论为：村委会这一农地流转中介组织的综合绩效最高，依次为农村土地流转服务中心、农村产权交易中心。这说明目前阶段，青岛市的农村土地流转不能完全依靠市场化的农地流转中介组织，而必须依靠中介组织性质的村委会，以及乡镇政府举办的土地流转服务中心和市场化的由政府举办的产权交易中心来进行。因此，青岛市各级政府在农村土地流转实践中要大力加强村委会建设，使村委会真正成为农村土地流转的主导者。同时，更要加强农村土地流转服务中心建设和农村产权交易市场建设，使农村土地流转逐步走向市场化的轨道。

参考文献

[1]《国务院机构改革和职能转变方案》，2013 年，十八届二中全会审议通过．

[2] 2015 年 5 月 26 日新华社

[3] 2005 年 1 月 7 日经农业部第 2 次常务会议审议通过，2005 年 1 月 19 日农业部第 47 号发布，自 2005 年 3 月 1 日起施行。

[4] Carter, M. R. and Zimmerman, F. The Dynamic Costs andPersistence of Asset Inequality in an Agrarian Economy [J], Journal of Development Economics, 2000 (63): 265 – 302.

[5] Bogaerts, T. Williamston. P. The role of land administrationin the aeeession of enteral-European countries toEuropean Union [J]. Land Policy, 2002 (1).

[6] Terry, v. D. Seenarios of central Europeanl andfragmentation [J], Land Use Policy, 2003 (20).

[7] 贺振华：农户兼业及其对农村土地流转的影响——一个分析框架 [J]. 上海财经大学学报, 2006, (2): 73 – 78。

[8] 黎霆，赵阳，辛贤：当前农地流转的基本特征及影响因素分析，中国农村经济, 2009, (10): 4 – 11。

[9] 宋伟，倪九派：基于农户调查的农用地流转影响因素研究

——以重庆市典型区（县）为例，中国人口·资源与环境，2011，(3)：172 – 175。

[10] 尹爱飞：农用地流转绩效评价研究——以重庆市为例，西南大学硕士论文，2010。

[11] 王志章，兰剑：农村土地流转中介组织相关问题研究，科学决策，2010，(3)：43 – 50。

[12] 王娟，王志彬：农村土地流转中介组织建设探析，广东农业科学，2012，(2)：208 – 210。

[13] 孔祥智，刘同山，郑力文：土地流转中村委会的角色及其成因探析——基于鲁冀皖三省15个村庄的土地流转案例，东岳论丛，2013，(5)：103 – 108。

[14] 陈进：当下中国农地流转中介组织研究，南京大学硕士论文，2015。

[15] 岳意定，刘莉君：基于网络层次分析法的农村土地流转经济绩效评价，中国农村经济，2010，(8)：36 – 47。

[16] 刘莉君：农村土地流转模式的绩效比较研究，中南大学博士论文，2010。

[17] 关雨竹：辽宁省农村土地流转模式绩效研究——以抚顺县为例，辽宁大学硕士论文，2013。

[18] 张霖：南县耕地流转绩效评价及提升研究，湖南师范大学硕士论文，2015。

[19] 马芳：罗山县农村土地流转模式与绩效评价研究，河南农业大学硕士论文，2015。

[20] 王雅瑜：晋江市英林镇农村土地流转模式绩效评价，福建农林大学硕士学位论文，2016。

[21] 王立敏：潍坊市农地流转中介组织运行绩效研究，西北农林科技大学硕士论文，2016。

［22］青政办发〔2017〕7号。

［23］青岛统计年鉴2017年212页。

［24］青岛日报，2016年12月19日

［25］《中共青岛市农业委员会2017年工作要点》。

［26］2016年青岛统计年鉴200页。

［27］农村土地网，2016年2月11日。

［28］农业部网站，2016年8月10日。

［29］中国山东网，2016年10月13日。

［30］青岛政务网，2016年8月17日。

［31］山东农业信息网，2011年1月30日。

［32］1998年11月4日第九届全国人民代表大会常务委员会第五次会议通过，2010年10月28日第十一届全国人民代表大会常务委员会第十七次会议修订的《中华人民共和国村民委员会组织法》。

［33］《农民日报》，2013年4月17日。

［34］曾怀东：农村土地流转中介组织的法律思考，黑龙江省政法管理干部学院学报，2010，（7）：69-71。

［35］王志章，兰剑：农村土地流转中介组织的培育与发展问题研究，中共南京市委党校学报，2010，（1）：64-69。

［36］王守智：农村土地流转中的地方政府、农民与中介组织，北京工业大学学报（社会科学版），2010，（3）：13-19。

［37］邵传林，霍丽：农村土地银行的运作机理与政策测度，改革，2009，（7）：83-88。

［38］于学江：市场化条件下农业中介组织问题探讨，农业科技与信息，2007，（12）：6-8。

［39］《中共中央办公厅国务院办公厅关于引导农村土地经营权有序流转发展农业适度规模经营的意见》（中办发〔2014〕61号）

［40］《国务院办公厅关于引导农村产权流转交易市场健康发展

的意见》（国办发〔2014〕71号）

［41］《农村土地经营权流转交易市场运行规范（试行)》，农业部2016年6月29日

［42］中共中央办公厅 国务院办公厅印发《关于完善农村土地所有权承包权经营权分置办法的意见》（新华社北京2016年10月30日电）

［43］欧阳娟. 我国农村土地流转的信托模式研究，湖南大学硕士论文，2010。

［44］中国农经信息网，2011年10月23日。

［45］中国农经信息网，2013年3月22日。

［46］中国农经信息网，2013年4月7日。

［47］东方圣城网，2013年8月10日。

［48］中国农经信息网，2013年3月15日。

［49］中国农经信息网，2013年1月29日。

［50］中国农经信息网，2011年12月5日。

［51］中国农经信息网，2013年8月15日。

［52］中国农经信息网，2013年4月18日。

［53］中国农经信息网，2012年5月16日。

［54］中国农经信息网，2012年5月15日。

［55］中国农经信息网，2011年10月29日。

［56］中国农经信息网，2013年4月17日。

［57］《淄博日报》，2013年8月22日。

［58］李长健，徐丽峰：村民委员会在土地流转中的职责研究，延边大学学报（社会科学版)，2009，(4)：112-118。

［59］钟涨宝，狄金华：中介组织在土地流转中的地位与作用农村经济，2005，(3)：35-37。

［60］任勤，李福军：农村土地流转中介组织模式：问题及对策

——基于成都市的实践，财经科学，2010，（6）：117－124。

［61］青岛市农村产权交易中心网站

［62］赵立新，寇占奎：农村土地流转的信托路径探析，河北法学，2015，（8）：87－93。

［63］肖端：土地流转中的双重委托—代理模式研究——基于成都市土地股份合作社的调查，农业技术经济，2015，（2）：33－41。

附　件

一、有关农地流转中介组织的调查问卷

1. 你愿意把土地交给他人耕种吗？

愿意（　　　），不愿意（　　　　）

2. 你的年龄

20～30 岁（　　　　）

30～40 岁（　　　　）

40～50 岁（　　　　）

50～60 岁（　　　　）

60 岁以上（　　　　）

3. 文化程度

小学（　　　）　　　初中（　　　）　　　高中（　　　　）

大学（　　　）

4. 你种地的收入与外出打工的收入相比？

多（　　　）　　　少（　　　）　　　差不多（　　　　）

5. 你知道农地流转中介组织吗？

知道（　　　）　　　不知道（　　　）

6. 你需要农地流转中介组织吗？

需要（　　　）　　　不需要（　　　）

7. 你需要农地流转中介组织帮助你解决什么问题？

寻找土地受让方（　　　）

增加土地收入（　　　）

减少土地流转纠纷（　　　）

进行农业规模化经营（　　　）

8. 你最信任的农地流转中介组织是哪种？

村委会（　　　）

土地流转服务中心（　　　）

农村产权交易中心（　　　）

二、农村土地流转综合绩效问卷调查表

山东省 青岛市　　　　　市　　　　　乡/镇　　　　　村

农地流转中介组织类型：村委会、农村土地流转中心 、农村产权交易中心

1. 农地流转前后单位土地投入产出比变化率；

2. 农地流转前后单位土地农机使用变化率；

3. 每亩土地户均纯收入土地流转前后变化率；

4. 土地规模经营实现指数；

5. 单位土地利用率变化指数；

6. 单位土地科技投入变化指数；

7. 单位土地劳动力投入率变化指数；

8. 农户对农地流转中介组织的满意度；

9. 农村恩格尔系数变化指数；

10. 单位农地农药使用量指数；

11. 单位农地化肥使用量指数；

12. 土地撂荒面积变化率。

后　记

　　农村土地流转是我国农村经济社会发展中的一个热点难点问题，特别是党的十七届三中全会以来，尤其是十八大以来，以习近平为核心的党中央引领全国上下高度关注农村土地流转问题，农村土地流转取得了很大成效。党的十九大报告指出："完善承包地'三权'分置制度。保持土地承包关系稳定并长久不变，第二轮土地承包到期后再延长三十年。"这为深入开展农村土地流转问题研究指明了方向。作为一名研究者来说，我也不例外。我对农村土地流转问题的研究，主要是从农村土地制度这一全新的视角开始的。取得的最主要的研究成果是《新农村建设的瓶颈突破——土地制度创新》，这篇论文发表在2008年的《农村经济》杂志上，2008年第8期人大复印资料《体制改革》全文转载这篇论文，成为我迈向农村土地流转这一全新的研究领域的开端。随后开始了课题的申报与研究工作。主要的课题是2012年度青岛市"双百调研工程"课题"青岛市农村土地承包经营权流转的影响因素分析与对策建议"，以及2013年度山东省软科学研究计划项目"山东省农村土地流转的影响因素分析与对策研究"。于2014年完成了2013年度的课题以及课题支持下的著作的出版工作，使我对农村土地流转形成了一个总体的研究规划。2015年我有幸成功申报了青岛市社会科学规划课题《青岛市农地流转中介组织综合绩效评价及优化推进对策研究》，开始了为期两年的课题研究，同时进行本书的写作。

在本书写作过程中感谢青岛农业大学人文社会科学研究基金资助，感谢青岛农业大学给提供的查询各种与本书写作有关资料的方便，感谢青岛农业大学科技处的大力支持。感谢青岛农业大学管理学院党政领导和同志们给予的极大关心和帮助。感谢我的同行对本书提出的建设性写作意见。感谢妻子和女儿的鼎力相助。

本书虽然定稿了，但是我对农村土地流转的研究尤其是农地流转中介组织的研究特别是农地流转中介组织的绩效评价问题研究并没有停止。本书还存在一些问题，恳请同行专家提出宝贵的意见。